1. Auflage 2008
ISBN 978-3-938045-18-3

Texte Claudia Lanfranconi, Sabine Frank
Redaktion Sabine Ritter, Cornelia Kruse, Eva Römer
Gestaltung Kuni Taguchi
Herstellung Karin Mayer, Peter Karg-Cordes
Lithografie Christine Rühmer
Druck und Bindung Mohn media Mohndruck GmbH, Gütersloh

Besuchen Sie uns im Internet unter www.esverlag.de

Claudia Lanfranconi
Sabine Frank

Die Damen mit dem grünen Daumen

Berühmte Gärtnerinnen

ELISABETH
SANDMANN

Inhalt

»Damals war's, als Pomona gelebt, ihre Gärten zu pflegen.
Sie war sorgfältig wie keine auf Baumesertrag bedacht –
davon ist sie benannt.« Ovid

Die Damen mit dem grünen Daumen

Der Göttervater Zeus hatte Pomona seine Obstgärten zur Pflege anvertraut, und er war mit ihr zufrieden. Gewissenhaft umsorgte die liebreizende Göttin Bäume und Sträucher, gab ihnen Wasser und befreite sie von Unkraut. So ganz und gar war die Gärtnerin der Arbeit hingegeben, dass sie für die Schmeicheleien ihrer zahlreichen Verehrer unempfänglich wurde. Vertumnus, der Gott des Wandels und der Jahreszeiten, musste sich erst in ein altes Weib verwandeln, ehe Pomona ihm Gehör schenkte.

Die Frau als Gärtnerin begegnet uns immer wieder in Mythen und alten Texten: Hera bekommt anlässlich ihrer Hochzeit mit Zeus von Gaia einen Garten geschenkt – ein Paradies am Ende der Welt und jenseits des Okeanos. In dessen Mitte bewachen die Töchter der Nachtgöttin, die Hesperiden, den Unsterblichkeit spendenden Lebensbaum. Die Römer verehrten Flora, laut Ovid eine Nymphe, in die sich Zephyros, der Gott des Mittleren Westwindes verliebte, als er sie nur ansah. Sie herrschte über Blumen, Gärten und Äcker und erscheint auf Bildern als Verkörperung des Frühlings inmitten prachtvoller Blumen. Und natürlich haben auch die Liebesgöttinnen einen Garten. Aphrodite hegte einen Hain mit köstlichen Apfelbäumen, in deren Schatten Rosensträucher wachsen. Venus war Herrin eines Gartens nahe der griechischen Insel Kythera.

Die Vorstellung, der Garten sei das Revier der Frauen, zieht sich durch die ganze Kulturgeschichte bis in die Gegenwart. Heute wird in Zeitschriften und Büchern an ein überwiegend weibliches Publikum appelliert, den eigenen Garten in ein kleines Paradies zu verwandeln. Er ist neben einem schönen und stilvollen Heim zum bevorzugten Objekt weiblichen Gestaltungsdranges geworden. Mühelos lassen sich mit dem Garten Attribute wie Fruchtbarkeit, Fürsorge und Friedfertigkeit assoziieren. Doch dass die

Dante Gabriel Rossetti schuf 1864 seine »Venus Herzwenderin«, umgeben von Rosen, den Blumen der Leidenschaft.

Die Asche des Vesuv hat in Pompeji einen Moment der Gartengeschichte konserviert: Das Fresko an der Hausmauer, eine optische Vergrößerung des Gartens im Innenhof, zeigt typische Gartenpflanzen wie Rosen, Hahnenfuß und Mutterkraut.

Menschen der Antike sich die Gärtner ihrer Götterwelt als Frauen vorstellten, hatte gewiss den viel näherliegenden Grund, dass Gartenarbeit in Rom oder Griechenland Frauensache war. Bäuerinnen und Sklavinnen haben Felder bestellt, Gemüse angebaut oder in den Gärten Unkraut gejätet. Sie haben Früchte geerntet und verarbeitet und das Wissen über Fruchtfolgen, Pflanzenpflege und die Wirkung von Kräutern und Gewürzen weitergegeben.

All diejenigen, die sich über die Scholle gebeugt haben, um ihr Nahrung, Heilkräuter und Kleidung abzuringen, werden auch in diesem Buch nicht die gebührende Würdigung finden. Die »Damen mit dem grünen Daumen«, von denen hier die Rede sein wird, waren Gärtnerinnen, die ihre Arbeit den Zwängen des Alltags enthoben haben und das Gärtnern unter die schönen Künste einreihten. Ihre Gärten dienten nicht in erster Linie dazu, die Familien zu ernähren, sondern ihnen und ihren Besuchern Freude zu spenden. Diese Frauen haben zu ihrem Vergnügen entworfen, gegraben und gepflanzt. Sie haben die Natur nach ihrer ganz persönlichen Auffassung von Schönheit geordnet.

Das Gärtnern zum Vergnügen, die Gartengestaltung als Kunst, war in der Antike hoch entwickelt. Doch im Gegensatz zu den gärtnernden Göttinnen waren die Frauen in der Realität meist nur schmückendes Beiwerk dieser Lustgärten oder sie erhielten einen Garten zum Geschenk. Nebukadnezar zum Beispiel ließ für seine Gattin Amyitis die Hängenden Gärten in Babylon erbauen, die als eines der sieben Weltwunder in die Geschichte eingingen. Sie sind ebenso verschwunden wie die berühmten römischen Stadtgärten, die Landgüter und heiligen Haine. Nur aus spärlichen Quellen, aus Texten, Ruinenfeldern und Wandmalereien lässt sich ihre Gestalt rekonstruieren. In einem gesegneten Klima, das fast das ganze Jahr über ein Leben im Freien ermöglicht, dienten sie als erweitertes Wohnzimmer, als ein Ort üppiger, sinnenfroher Feste, aber auch als Wohnstatt der Götter.

Nach dem Niedergang des römischen Imperiums verschwand die rein dem Vergnügen gewidmete Gartenkultur fast völlig. In Erinnerung an das dekadente, heidnische Rom war im gottesfürchtigen Mittelalter jede Art von Luxus verpönt. Galt die freie Natur in der Antike als ein schöner, beschaulicher Ort, der von wohlmeinenden Gottheiten bewohnt ist, setzte sich nun die Vorstellung durch, dass die heidnischen Flussgötter und Quellnymphen, die Herrscher der Winde und des Feuers gute Christen von ihrem rechten Weg abbringen würden. Deshalb umgab den mittelalterlichen Garten eine hohe Mauer – sie trennte die Wildnis von der gestalteten, gleichsam bereinigten Natur. Bekanntestes Beispiel dafür ist der Klostergarten, der zuallererst einen ganz handfesten, alltäglichen Zweck erfüllen musste: Er lieferte Obst, Gemüse und Arzneikräuter, aber auch Blumen für den Altarschmuck. Andererseits sollte er den Lobpreis der Schöpfung singen und Nonnen und Mönchen in ihrem harten Alltag Entspannung wie auch Zerstreuung bieten. Seine Anlage folgte religiösen Vorstellungen, die Gestaltungselemente waren standardisiert und meist symbolisch aufgeladen. Für Kreativität blieb da wenig Spielraum.

Gärten in der Stadt waren weniger strengen Konventionen unterworfen als die Klosteranlagen. Die drangvolle Enge innerhalb der Stadtmauern zwang zur Improvisation. Meist bot nur ein winziger Innenhof oder ein grüner Flecken am Fuße der Burgmauer Platz für ein paar Blumen, eine Rasenbank oder ein Rosenspalier. Auch diese Gärten sind verschwunden, Spuren ihrer Existenz finden sich lediglich auf Gemälden und Altarbildern. Oftmals wurde Alltagsleben als Bildhintergrund religiöser Szenerien dargestellt, und selbst in idealisierten Landschaften erkennen wir die

Illustration zu Christine de Pisanes Utopie »Die Stadt der Frauen« von 1405. Hier ist der Garten eine Metapher für ungehobene Bildungsschätze: »Nehmt die Hacke Eurer Intelligenz und grabet gut«, so die Weisung an die Frauen.

Die Brüder Limbourg illustrierten von 1410 bis 1416 das legendäre Stundenbuch des Duc de Berry. Dieses grandiose Dokument zeigt Alltagsszenen vor einer gestalteten Landschaft – hier eine vornehme Gesellschaft beim Frühlingsspaziergang.

Obsthaine Mitteleuropas oder fürstliche Jagdanlagen. Die artigen Reihen von Apfelbäumen, Eichen und Kastanien weisen darauf hin, dass die vom Menschen gestaltete Landschaft zunehmend geschätzt wurde.

Erst mit der Renaissance gelangt die Geschichte der Gartenkunst auf festen Grund. Nun muss sich der Historiker nicht mehr nur mit den fantasievollen Darstellungen von Dichtern und Malern begnügen, ist dies doch die erste Epoche, aus der heute noch vollständige Gartenanlagen und Parks erhalten sind. Sie bezeugen einen grundsätzlichen Wandel: Im 15. Jahrhundert kehrt sich der nach innen gewandte Garten nach außen und verbindet sich mit der offenen Landschaft. Das selbstbewusste Menschenbild des Humanismus speist sich aus antiken Quellen, und auch die Architektur greift die antike Formensprache auf. Der Garten ist wieder Spielort und Festplatz; für den Gestalter sind das völlig neue Herausforderungen: Er muss Baumeister sein und Wasserkünstler, Mathematiker und Vermessungsingenieur, und natürlich Botaniker und Gärtner – es entsteht das moderne Berufsbild des Landschaftsarchitekten.

An diesem Punkt setzt unser Buch an. Zunächst stellen wir einflussreiche Herrscherinnen vor, die den Bau von Gartenanlagen in Auftrag gegeben und an ihrer Planung mitgewirkt haben. Für manche, wie Katharina de Medici, dienten die Gärten vor allem der Repräsentation und waren Kulisse machtpolitischer Ränke. Für andere, wie Wilhelmine von Bayreuth, die Schwester Friedrichs des Großen, waren sie schlicht der Ort, ihre Persönlichkeit auszuleben. Eines aber haben ihre verschwenderisch angelegten Parks und Gärten gemeinsam: Sie sind heute berühmte touristische Attraktionen und geben uns eine Vorstellung davon, dass Gärtnern jeder Mühe wert ist und wahre Wunder hervorbringen kann. Leicht könnte der Eindruck entstehen, es gehörten Macht und Reichtum, ausgedehnte Ländereien und ein Heer von Arbeitern zu dieser Kunst. Doch der Zauber, der Reiz und das Geheimnis des Gärtnerns bestehen gerade darin, dass jeder es betreiben kann – denn die Natur ist jedem gefügig, der es versteht, ihre Geheimnisse zu ergründen, ganz gleich, ob er eine ganze Landschaft umgestalten will oder nur ein winziges Vorgärtchen. Was für Männer eine Selbstverständlichkeit war, bot gerade Frauen eines der wenigen Spielfelder für Kreativität, war doch die traditionelle Rollenzuweisung für sie oft genug von Einschränkungen und Zwängen geprägt – und von mangelnden Bildungschancen. Da das Gärtnern und Botanisieren unter die häuslichen Tätigkeiten fiel, galt es für Frauen als schicklich. Doch lange waren sie auf mündliche Überlieferung und eigene Experimente angewiesen.

Erst ab dem frühen 19. Jahrhundert haben sich Frauen darum bemüht, ihren Geschlechtsgenossinnen einen professionellen Zugang zum Gärtnern zu ermöglichen. Diesen Enthusiastinnen ist unser zweites Kapitel gewidmet. Jane Loudon zum Beispiel gab die erste Gartenzeitschrift speziell für Damen heraus und schnitt ihre Lehrbücher auf ein weibliches Publikum zu. Frauen wie Gertrude Jekyll verdienten als anerkannte Gartengestalterinnen ihren Lebensunterhalt, und es kam zur Gründung erster Gartenbauschulen für Mädchen. Stilbildende Gärtnerinnen waren und sind vor allem in Großbritannien zu finden. Die Frage, warum das so ist, lässt viele Antworten zu, von denen jede ihre eigene Wahrheit hat. Man denke an das für den Gartenbau günstige Klima, an die Existenz eines wohlhabenden und weltkundigen Bürgertums, an die Kolonialbeziehungen, die die Entdeckung und die Einfuhr exotischer Pflanzen erleichterten, und an die industrielle Entwicklung, die auch eine Fluchtbewegung zurück zur Natur auslöste. Nicht zu vergessen ist

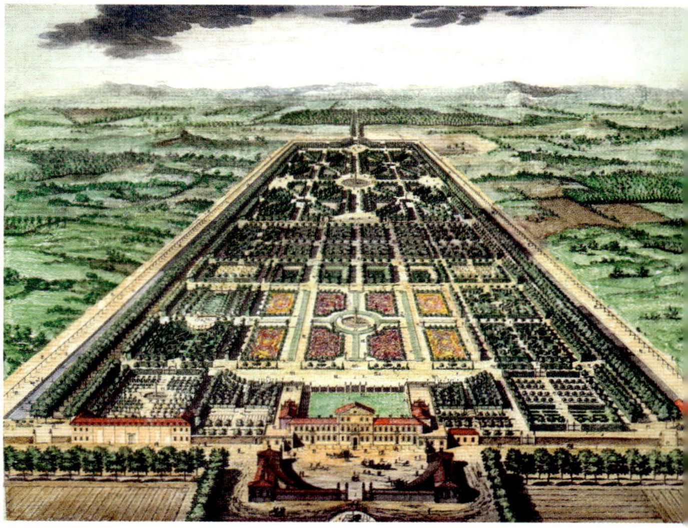

Sophie Kurfürstin von Hannover (1630–1714) ließ den Großen Garten von Schloss Herrenhausen im Stil des niederländischen Barock gestalten. Der Stich von 1714 zeigt ihn in seiner größten Ausdehnung von 50 Hektar.

Der Arbeitstag in der Gartenbauschule Waterperry begann morgens um sieben Uhr. Die Mädchen wurden nicht nur in Botanik unterrichtet, sondern mussten auch schwere Arbeiten selbst verrichten.

die Frauenbewegung, die zuerst in England Einfluss gewann, oder auch der Spleen, den man Briten bei allem, was sie tun, nicht ganz zu Unrecht nachsagt.

Dann, in der Mitte des Buches, wollen wir innehalten und einer besonderen Herrscherin einen eigenen Abschnitt widmen: der Rose, der Königin der Blumen. Wir spüren den Wurzeln ihrer spezifischen Wertschätzung nach und stellen mit der französischen Kaiserin Joséphine eine Frau vor, die sich wie keine andere um die Rosenzüchtung in Europa verdient gemacht hat. Und wir erzählen von der Rosenmanie des Rokoko, in der die Blume der Liebe und Leidenschaft zum zentralen Symbol erhoben und zum Motiv zahlreicher Bilder wurde.

Die verewigte Pflanze ist auch Thema des nachfolgenden Kapitels. Zeichner – unverzichtbar an Bord von Eroberungsschiffen und bei Forschungsreisen – waren Chronisten und manchmal auch Vermesser, vor allem aber sollten sie Zeugnis ablegen von den Wundern der Schöpfung: Exotische Landschaften brachten sie ebenso zu Papier wie den »edlen Wilden«, nie gesehene Tiere und immer wieder Pflanzen. Auch einige – wenige – Frauen haben sich derart strapaziösen Unterfangen ausgesetzt. Wir stellen Malerinnen wie Maria Sibylla Merian oder Marianne North vor. Ihre Pflanzenporträts füllen nicht nur die Archive botanischer Gesellschaften, sie fanden auch den Weg zu den Gartenenthusiasten ihrer Zeit und entfachten den unstillbaren Wunsch, wenigstens einige dieser exotischen Schönheiten zu besitzen. Vor allem im 18. und 19. Jahrhundert sammelten Europas Gärtner wie im Fieber. Die eher schlichten einheimischen Bäume, Sträucher und Blumen bekamen Gesellschaft von Pflanzen aller Kontinente. Die botanische Malerei schärft noch heute unseren Blick für den Formenreichtum und die extravagante Farbigkeit dieser Exoten.

Der dänische Maler Peder Severin Krøyer malte 1893 seine Frau Marie in ihrem Garten in Skagen. Die Lektüre unterm Rosenbusch als Lohn aller Mühe – welche Gärtnerin kann sich nicht in dieses Traumbild hineinversetzen?

Und sie mehrt unsere Ehrfurcht vor der Natur, die dies, von Menschenhand nur unterstützt, hervorbringt.

Der Garten kann zu guter Letzt auch ein Ort der Literatur sein – nichts geht über den Genuss, im eigenen Garten zu lesen: Man könnte denken, allein dazu müsste er angelegt werden. Doch nicht der Lektüre ist der letzte Teil des Buches gewidmet, sondern gärtnernden Dichterinnen, die auf ganz unterschiedliche Art ihren Traum vom Garten lebten. Für viele Autorinnen war ein romantischer Platz im Grünen der ideale Ausgleich zur einsamen Arbeit am Schreibtisch. Vita Sackville-West zum Beispiel war selbst leidenschaftliche Gärtnerin und hat ihr Fachwissen in Zeitungskolumnen und Büchern weitergegeben. Die Dichterin Colette beschwor den Garten ihrer Erinnerung und ihrer Kindheit herauf, und Edith Wharton versuchte, ihren italienischen Traum zu verwirklichen – mitten in Massachusetts.

Die Gärtnerin und Gartenschriftstellerin Elizabeth von Arnim hatte einen viel prosaischeren Rat: Für sie war – ganz so, wie es auch die Göttin Pomona gehalten hat – das Gärtnern geradezu ein Gegenkonzept zur Ehe: »Ich werde meine Töchter so erziehen, dass sie den Garten lieben und das Leben im Freien. Wenn sie nämlich einen Funken ihrer Mutter in sich haben, werden sie Ehemänner höchst überflüssig finden und brauchen und wollen nichts anderes als ihren Garten.«

Sabine Frank

folgende Doppelseite: Der Kaiser spielt Fangen, während die Hofgesellschaft im Schatten schwatzt: So stellte sich der Maler François Flameng 1894 einen Tag im Garten von Malmaison, dem Sommersitz von Napoléon und seiner Gemahlin Joséphine, vor.

FRANÇOIS-FLAMENG

Gärtnern lassen!

Die arkadischen Träume der Regentinnen

In der Vergangenheit waren große Gärten den Herrschenden vorbehalten. Natürlich gehörte zu einem Schloss ein entsprechend prachtvoller Park, um Reichtum und Macht zu zeigen. Unter den Regenten und Regentinnen gab es Gartenmuffel, die Konzeption und Gestaltung Architekten und Gärtnern anvertrauten, und es gab die Naturliebhaber, die die botanischen Publikationen ihrer Zeit studierten, mit Leidenschaft exotische Pflanzen sammelten und am liebsten selbst zum Spaten gegriffen hätten, um ihre Vorstellungen von Beeten und Rabatten in die Realität umzusetzen. Das folgende Kapitel stellt sechs Regentinnen vor, die mit ihren Parks Geschichte geschrieben haben. In den von ihnen in Auftrag gegebenen Anlagen, in denen man noch heute lustwandeln kann, spiegeln sich die wechselnden Moden der letzten 500 Jahre. So wurde in der Renaissance der Garten zum Kunstwerk erhoben – Wasserspiele sollten die hoch entwickelte Ingenieurtechnik bezeugen, ausgefeilte Skulpturenprogramme die humanistische Bildung der Auftraggeber. Für Katharina de Medici bildete der Garten von Schloss Chenonceau einen exquisiten Rahmen für ihre rauschenden Feste. Als Kuriosum unter den symmetrisch gestalteten Barockgärten gilt der wildromantische Felsengarten Sanspareil, der nach den Vorstellungen Wilhelmines von Bayreuth geschaffen wurde. Eine Besonderheit des barocken Gartens in Drottningholm ist hingegen das chinesische Schlösschen für Königin Luise Ulrike, das die China-Mode in Schweden begründete. Trotz ungünstiger klimatischer Verhältnisse versuchte die Herzogin von Osuna die Prinzipien des englischen Landschaftsgartens in Spanien einzuführen. Vermögen wurden ausgegeben, um den Traum vom Paradies auf Erden zu verwirklichen. Die chinesische Kaiserinwitwe Cixi zapfte die Staatskassen an. Und Lucie Fürstin von Pückler-Muskau ließ sich von ihrem Mann scheiden, damit dieser – zwecks Finanzierung des Muskauer Parks – eine reiche Erbin heiraten konnte.

KATHARINA DE MEDICI
1519 – 1589

»Der Garten empfängt den Gast auf festliche Art und Weise.«

Leon Battista Alberti, 15. Jh.

Katharina de Medici

Diane de Poitiers, porträtiert von einem unbekannten Maler der französischen Schule im 16. Jh., war die Mätresse des französischen Königs Heinrich II. und die größte Konkurrentin von Katharina de Medici.

Als »hässlich, doppelzüngig und skrupellos in der Wahl ihrer Mittel« wurde Katharina de Medici oft beschrieben, und am französischen Hof war sie aufgrund ihrer Abstammung aus der berühmten Florentiner Kaufmannsfamilie auch nicht sehr beliebt. Die ihr zugedachte Mutterrolle aber erfüllte sie mit Bravour. Ihr Onkel, Papst Clemens VII., hatte 1533 die Hochzeit der Vierzehnjährigen mit Heinrich Graf von Orléans arrangiert, der 1547 als Heinrich II. den französischen Thron bestieg. 1544 gebar sie den ersehnten Thronfolger; es folgten neun weitere Kinder. Nachdem Heinrich II. 1559 bei einem Turnier tödlich verunglückt war, fungierte die machtbewusste Katharina als politische Beraterin ihres erstgeborenen Sohnes Franz, der die Nachfolge des Vaters antrat und die schwierige Aufgabe hatte, zwischen den Hugenotten und Katholiken zu vermitteln, die sich blutige Kämpfe lieferten.

Der Witwenstand brachte für die Königinmutter nicht nur Nachteile mit sich. Um ihren neuen sozialen Status in der Öffentlichkeit angemessen zu repräsentieren, betätigte sie sich als Bauherrin. 1564 beauftragte Katharina den Architekten Philibert Delorme mit dem Bau ihres Witwensitzes, dem Palais des Tuileries; er wurde 1871 beim Aufstand der Pariser Kommune zerstört. An den ehemaligen Standort erinnert heute der öffentliche Park Jardin des Tuileries, den jeder Parisbesucher kennt.

Katharina de Medici, das wissen wir aus den Beschreibungen von Zeitgenossen, liebte rauschende Gartenfeste. Allerdings veranstaltete sie diese nicht nur zu ihrem persönlichen Vergnügen. Nach einem gescheiterten Putschversuch gegen ihren Sohn Franz, bei dem zahlreiche Mitglieder des Hofes ermordet worden waren, ließ sie ein großes Fest im Garten des prächtigen, im Loiretal gelegenen Schlosses Chenonceau ausrichten, um die Hofmitglieder von der angespannten politischen Situation abzulenken. Als künstlerischen Leiter hatte sie eigens den aus Bologna stammenden Architekten, Maler und Bildhauer Francesco Primaticcio berufen. Italien war im 16. Jahrhundert führend in der Kunst des Gartenbaus: Hier versuchte man die ästhetischen Prinzipien der antiken Gärten wiederzubeleben, wie sie von den Autoren Theophrast und Lysander beschrieben wurden. Im Idealfall sollten Villa und Park eine Einheit bilden. Unter Berücksichtigung der Zentralperspektive wurden mit niedrigen Buchsbaumhecken gesäumte Wege und Blickpunkte angelegt. In den geometrisch unterteilten Gartenräumen blühten Myrte, Lavendel

oben: Katharina de Medici machte den Garten von Schloss Chenonceau an der Loire, erbaut zwischen 1517 und 1559, zum Schauplatz ihrer rauschenden Feste.
unten: Bühne für Tanzvergnügen und Spaziergänge war im 18. Jh. auch der Garten der Villa Arconati-Visconti in der Lombardei, gemalt von Vergilio Vercelloni.

und Rosmarin, in gradlinigen Reihen gesetzt. Mandel-, Quitten- und Aprikosenbäume verströmten im Spätsommer einen betörenden Duft. Künstlerische Höhepunkte der italienischen Renaissancegärten waren die Brunnen, Wasserspiele und Skulpturen aus Bronze und Marmor, mit denen viele Gartenbesitzer ihren Reichtum und ihre humanistische Bildung demonstrieren wollten.

Nach den Plänen von Primaticcio verwandelten nun 900 Handwerker und Künstler den Schlossgarten von Chenonceau für Franz II. in einen Triumphparcours nach antikem Vorbild, geschmückt mit kleinen und großen Bögen, Säulen, Obelisken und Altären. Hofdichter wie Pierre de Ronsard, Jean Dorat und Étienne Jodell waren für die Inschriftentafeln und Devisen verantwortlich, die den König priesen und den Sieg gegen seine Verschwörer feierten. Bei der Ankunft auf Schloss Chenonceau wur-

Der französiche Bildhauer Jean Goujon schuf die Marmorskulptur von Diane de Poitiers als Göttin Diana mit Hirsch, die sich heute im Louvre befindet, ursprünglich für den Schlossgarten von Anet.

den Franz und seine Gemahlin Maria Stuart mit einem Feuerwerk begrüßt – der Legende nach das erste, das in Frankreich gezündet wurde.

Doch Chenonceau war für Katharina nicht nur Spielwiese für ihre Selbstinszenierung als Mäzenin der Künste; es war auch Ausweis ihrer Macht. Ihr Gatte Heinrich II. hatte es ursprünglich seiner offiziellen Mätresse Diane de Poitiers geschenkt, einer ebenso schönen wie einflussreichen Frau. Nach seinem Tod rächte sich Katharina an der langjährigen Konkurrentin, die seit 1536 großen Einfluss auf den 20 Jahre jüngeren König ausgeübt und sie bei zeremoniellen Anlässen allzu oft in die zweite Reihe verbannt hatte: Sie erklärte das Schloss kurzerhand zu ihrem Eigentum mit dem Ziel, es zu einer zweiten königlichen Residenz auszubauen. Das Gebäude wurde vergrößert, die bereits vorhandene Brücke über den Fluss Cher durch eine zweistöckige Galerie aufgestockt. Auch der Garten wurde erweitert und verschönert. Neben dem geometrisch gestalteten Park ihrer Vorgängerin, der noch heute als Garten der Diana zu besichtigen ist, ließ sie im Westen den »Jardin vert«, den Grünen Garten, anlegen. Hier wurden Oliven-, Zitronen- und Orangenbäume, Rosmarinsträucher, Lorbeerbüsche und Eichen gepflanzt. Den künstlerischen Höhepunkt des immergrünen Terrains bildete jedoch die »Fontaine du rocher«, ein Brunnen, der aus einem künstlich gestalteten Felsen entsprang – eine Neuheit in der französischen Gartenarchitektur. Nach dem Vorbild italienischer Gärten errichtet, vermittelte das Ensemble mit Pseudostalaktiten und aus Terrakotta gegossenen Tieren den Eindruck einer natürlichen Grotte.

Die gartenkünstlerischen Finessen sollten jedoch nicht nur die zahlreichen Besucher des Parks in Staunen versetzen. Katharina wollte vor allem Diane de Poitiers in den Schatten stellen, die sich einige Jahre zuvor selbst als Bauherrin hervorgetan hatte, indem sie zwischen 1544 und 1555 ihr Anwesen in Anet in der Île de France – ebenfalls von Delorme – zu einer repräsentativen Schlossanlage hatte ausbauen lassen. Für den Architekturzeichner Jacques Androuet DuCerceau gehörte die dortige Anlage zu den schönsten der französischen Renaissance. Diane hatte Park und Schloss ihrer Namenspatronin, der Jagdgöttin Diana, gewidmet, und so finden sich auch hier Anklänge an die mythologische Figur: Im Zentrum des Schlosshofes wurde ein pompöser Diana-Brunnen aufgestellt. Der Lustgarten bestand aus 24 rechteckigen Feldern. Wie die Beete im Einzelnen aussahen, lässt sich nicht genau rekonstruieren – sie sollen Monogramme und Wappen nachgebildet haben. Eine besondere Attraktion stellte das Eingangstor dar. Es war mit einem Bronzerelief versehen, das eine nackte Waldnymphe mit Hunden zeigt. Und einem spektakulären Uhrenaufsatz: Jede Viertelstunde bellte das Hundepaar, zu jeder vollen Stunde stampfte der Hirsch in der Mitte mit dem Vorderhuf auf.

WILHELMINE VON BAYREUTH
1709–1763

»Statt mit Troja, führe ich Krieg mit den Kaninchen,
Füchsen und anderen schädlichen Tieren und bedaure,
daß ich keinen Vergil finde, der meine Siege besingt!«

Wilhelmine von Bayreuth

Der zwischen 1744 und 1748 entstandene Felsengarten Sanspareil in der Nähe von Bayreuth gehört zu den ungewöhnlichsten Parkanlagen in Deutschland. Er liegt unterhalb der mittelalterlichen Hohenzollernburg Zwernitz, von der aus man einen wunderbaren Blick in die oberfränkische Hügellandschaft genießen kann. Markgraf Friedrich war bei der Jagd auf das Terrain aufmerksam geworden – ein Buchenhain, in dem verstreut bizarr geformte Felsen lagerten. »Ah, c'est sans pareil!« – »Das ist unvergleichlich!«, soll ein Mitglied des Hofstaates beim Anblick der wildromantischen Gegend ausgerufen haben. Kurzerhand beschloss Friedrich, den Ort in »Sanspareil« umzubenennen und hier – einer Mode der Zeit entsprechend – eine Gartenresidenz einzurichten.

Ideen für die Gestaltung von Sanspareil lieferte Friedrichs Gattin Wilhelmine. Die Lieblingsschwester Friedrichs des Großen von Preußen gehörte zu den gebildetsten Frauen ihrer Zeit. Eigentlich für den englischen Königsthron erzogen, war sie aus Gründen der Staatsräson im Jahre 1731 an den Erbprinzen und späteren Markgrafen Friedrich von Brandenburg-Bayreuth verheiratet worden und so nach Franken gekommen. Heimisch fühlte sie sich dort indes zeit ihres Lebens nicht. Sie sah sich als Exilierte und hatte für das Land ihrer »Verbannung« wie auch für seine Bewohner nur spöttische Verachtung übrig: »… unseren Franken merkt man zumeist die dicke Bergluft an. Sie brauchen zehn Jahre, um guten Tag und guten Abend sagen zu lernen, und weitere zehn Jahre, um eine Verbeugung zu machen.« Doch Wilhelmine verstand es bestens, der Langeweile Herr zu werden. In einem Brief an ihren Bruder in Preußen schildert sie, womit sie sich die Zeit vertrieb: »… mit den Regeln der Baukunst« setze sie sich auseinander und baue »prächtige Schlösser, die aber aller Wahrscheinlichkeit nach auf dem Papier bleiben werden«. Vormittags widme sie sich der Physik, überdies der Philosophie, nachmittags dann der Geschichte, und obendrein komponiere sie noch an einer eigenen Oper.

Die Leistungen des Markgrafen treten oftmals hinter denen seiner Gemahlin zurück. Dabei machte auch er sich sehr um die Residenzstadt verdient. Einem Fürstensohn entsprechend gebildet, gründete Friedrich 1742 die Universität, 1756 folgte eine Kunst- und Musikakademie. Unter dem kunstsinnigen Paar avancierte Bayreuth zu einem Kulturzentrum von europäischem Rang. Auch Voltaire war begeistert: Ein »lieblicher, ruhiger Ort« sei das

Der sogenannte »Morgenländische Bau« und das barock gestaltete Blumen-Parterre bilden das Entree zum wildromantischen Felsengarten Sanspareil bei Bayreuth.

Städtchen, »alle Annehmlichkeiten eines Hofes« könne man hier genießen, ohne den »Unbequemlichkeiten der großen Welt« ausgesetzt zu sein.

Der Garten Sanspareil wurde nach den Vorstellungen von Wilhelmine gestaltet. Die Bauleitung übertrug sie dem französischen Architekten Joseph Saint-Pierre, der gleichzeitig das Opernhaus plante – heute das einzige im Originalzustand erhaltene Barocktheater Europas. In Sanspareil legte er als Erstes einen langrechteckigen regelmäßigen Bezirk an, der von vier Gebäuden dominiert wurde, in denen das Markgrafenpaar und der Hofstaat wohnten. Erhalten ist der sogenannte »Morgenländische Bau«: Ursprünglich war das kleine Gartenschloss mit Tuffsteinen, bunten Glasflüssen sowie rot und blau gefärbten Steinen und Bergkristallen verkleidet, um einen exotischen Eindruck zu erzeugen. Wilhelmine, vermutete man, wollte mit dieser Dekoration an die Kristallpaläste erinnern, so wie sie in der orientalischen Märchensammlung »Tausendundeine Nacht« beschrieben werden. Der Clou ist eine Buche im Innenhof, um die herum der Pavillon errichtet wurde. Erhalten ist auch das einstige Küchenhaus – heute befindet sich hier ein Ausflugscafé für Touristen. Die Bepflanzung des Blumen-Parterres im Zentrum des Gartens konnte in vereinfachter Form nach einer alten Stichvorlage rekonstruiert werden. Hinter dem geometrisch angelegten Barockgarten erstreckt sich der wildromantische Felsengarten. »Die Natur selbst« sei die Baumeisterin gewesen, schrieb Wilhelmine über Sanspareil an ihren Bruder, den preußischen König. Die Markgräfin veränderte die vorgefundenen Felsen nicht, sondern ließ das Terrain durch Kleinarchitekturen, Skulpturen und Inschriftentafeln bereichern, die einem einheitlichen Bildprogramm folgten. Als Grundlage diente der Roman »Die Abenteuer des Telemach« von François de Salignac de la Mothe-Fénélon, einst Theologe am Hofe Ludwigs XIV. Die Parabel vom Sohn des Odysseus, die als Erziehungsroman für den Sohn des Sonnenkönigs gedacht war und sich später besonders in Deutschland großer Beliebtheit erfreute, hatte dem Autor zunächst allerdings einigen Ärger eingebracht: Der König fasste das Buch als Kritik an seiner Person auf und verhinderte dessen Verbreitung. Erst 1717 wurde das Druckverbot aufgehoben – und das Werk zum Bestseller.

Telemach, so die Geschichte, gerät auf der Suche nach seinem Vater Odysseus mit seinem alten Begleiter Mentor in einen Sturm, erleidet Schiffbruch und wird auf die Insel Ogygia verschlagen, wo auch schon Odysseus sieben Jahre im Banne der Nymphe Kalypso verbrachte. Kalypso verliebt sich in den jungen Telemach. Dieser aber wendet sich der Nymphe Eucharis zu und geht mit ihr auf die Jagd – was wiederum den Zorn und die Eifersucht von Kalypso weckt. Über alle Wirren und Abenteuer vergisst Telemach beinahe seine eigentliche Aufgabe: die Suche nach seinem Vater. Mentor gelingt es schließlich, seinen Schützling auf den rechten Weg zurückzuführen. Um den jungen Abenteurer aus den Liebesverstrickungen zu befreien und die Flucht anzutreten, baut er ein Boot, dieses aber wird von Amor und den Nymphen verbrannt. Daraufhin stürzen sich Telemach und Mentor von einem Felsen ins Meer – und werden im letzten Moment von einem vorbeifahrenden Schiff gerettet.

In Sanspareil ließ Wilhelmine nun Monumente errichten, die an die einzelnen Episoden des Romans erinnern sollten. Vieles davon ging im 19. Jahrhundert verloren. Wir kennen diesen Teil des Gartens jedoch durch die Kupferstiche, die Johann Gottfried und Johann Thomas Köppel schufen. Die Besucher des 18. Jahrhunderts folgten einem vorgegebenen Spazierweg. Eingangs passierte man das Referentenhäuschen, in dem Friedrich bei seinen

Künstlerischer Höhepunkt des Parks: das Felsentheater. Kupferstich von Johann Thomas Köppel, 1748.

Aufenthalten in Sanspareil den Regierungsgeschäften nachging. In der Nähe befand sich das Holzstoßhaus, wo Wilhelmine zu lesen pflegte. Auf die literarische Vorlage des Telemach bezogen sich der sogenannte Felsen der Liebe und das Odysseus-Monument in Form einer Urne. Die natürlich gewachsenen Grotten waren den Protagonisten der Geschichte gewidmet: In »Mentors Grotte« fand der Begleiter des Telemach der Legende nach das Zimmermannswerkzeug. Am »Grünen Tisch«, dessen Platte ringförmig einen Baumstamm umgibt, trafen sich Telemach und die Nymphe Eucharis. Über eine Steintreppe erklimmt man noch heute den Belvederefelsen, auf dem früher als Aussichtsarchitektur eine Kombination aus drei Rundpavillons stand. Auf einem nahe gelegenen weiteren Felsen sollte man sich dagegen Mentor vorstellen, der eben Telemach ins Meer gestoßen hat und nun selbst zum Sprung ansetzt. Eine Randstaffage ohne Bezug zur Romanvorlage ist dagegen der »Reiger-« oder »Gollerfelsen«. Auf seiner Spitze erhob sich ein Lustpavillon in pseudo-chinesischem Stil, wie ein Stich Johann Gottfried Köppels von 1792 zeigt.

Von einigen Kunsthistorikern ist das Bildprogramm des Gartens als Umschreibung von Wilhelmines Leben gedeutet worden: Kalypso wird demnach mit der Markgräfin gleichgesetzt, die eigentlich den englischen Kronprinzen – Odysseus – heiraten sollte, doch schließlich mit dem Markgrafen von Bayreuth – Telemach – vorliebnehmen musste. Die Bezüge zu Wilhelmines Biografie sind in Wirklichkeit noch komplexer: Zum Zeitpunkt der Gartengestaltung wurde ihre Ehe durch die Hofdame Frau von Marwitz-Burghausen gefährdet, die der literarischen Vorlage zufolge wiederum der Nymphe Eucharis entsprechen würde.

Der gestalterische Höhepunkt von Sanspareil befindet sich jedoch hinter der »Kalypso-Grotte«: Es handelt sich um das Ruinentheater. Die Bühnenarchitektur besteht aus vier aus unbehauenem Tuffstein errichteten Bögen, die geschickt perspektivisch angeordnet sind und aus dem Felsen zu wachsen scheinen. Um der künstlich gestalteten Theaterruine »etwas ächt antikes zu geben«, befanden sich vor den Bögen ursprünglich Satyr-Statuen. An antike Theater erinnern außerdem vier in den Felsen gemeißelte Masken und zwei Reliefbildnisse von antiken griechischen Dichtern. Ob das Theater im 18. Jahrhundert für Aufführungen genutzt wurde, ist nicht überliefert. Heute jedenfalls dient es als Spielstätte.

Sanspareil ist kein typischer Barockgarten. Vielmehr zeigen sich hier ganz unterschiedliche Einflüsse der europäischen und ostasiatischen Gartenkultur. Die Gesamtanlage erinnert an fernöstliche Landschaftsansichten, in denen frei stehende Felsen eine große Rolle spielen. Aber auch das Ideal des englischen Landschaftsgartens scheint hier verwirklicht – mit dem großen Unterschied, dass es sich in diesem Fall nicht um mit aller Raffinesse künstlich in Szene gesetzte Natur handelt. Die Natur wurde vielmehr weitgehend im Urzustand belassen.

Besonders deutlich erinnert Sanspareil an den Felsengarten in Bomarzo in der Nähe von Rom, der ebenfalls nach einer literarischen Vorlage geschaffen wurde; er stammt aus dem 16. Jahrhundert. Beide Anlagen sind im Kern Naturkunstwerke, bei denen die vorgefundenen landschaftlichen Gegebenheiten geschickt ausgenutzt wurden. In Bomarzo wurden die Felsen jedoch in sehr viel größerem Maße künstlerisch bearbeitet und in Form von Ungeheuern, Fratzengebilden und Ruinenarchitekturen gestaltet.

Die Gärten, die unter der Regentschaft von Friedrich und Wilhelmine angelegt wurden, bildeten exotische Gegenwelten zum Bayreuther Hofleben. Davon zeugt auch die berühmte Eremitage, zu deutsch: Einsiedelei, in der Stadt, wo die höfische Gesellschaft das einfache und kontemplative Leben der Eremitenmönche nachspielte. Im Jahr seines Regierungsantritts hatte Friedrich seiner Gattin das Alte Schloss zum Geschenk gemacht. Auch hier begann die baulustige Wilhelmine sofort mit umfangreichen Erweiterungsmaßnahmen. Sie ließ das Schloss vergrößern und richtete ein Musikzimmer, ein Japanisches Kabinett und das Chinesische Spiegelkabinett ein, in dem sie ihre berühmten Memoiren schrieb. Ebenfalls nach Plänen des Hofarchitekten Saint-Pierre entstanden im Park zwischen 1743 und 1745 Kleinarchitekturen und Brunnenanlagen; er griff dabei auf traditionelle Elemente des barocken Gartens wie Heckenquartiere, Laubengänge und Wasserspiele zurück. Dennoch galt die Anlage durchaus als innovativ, da die Achsen sich nicht auf das Alte Schloss beziehen und die einzelnen Gartenabschnitte selbständig nebeneinander betrachtet werden können.

Auch der Felsengarten Sanspareil ist etwas Besonderes: Noch heute erscheint er modern und zeitgemäß, weil er dem Besucher viel Spielraum für romantische Naturbetrachtungen bietet. Bedeutsam ist Wilhelmines Park auch insofern, als er am Anfang der Begeisterung für Berg- und Felsenwelten steht, die erst im 19. Jahrhundert voll zum Tragen kam. Noch Goethe ließ auf seiner Italienreise bei der Fahrt über die Alpen in seiner Kutsche die Vorhänge herunter, weil er das Chaos der felsigen toten Natur ablehnte und als unästhetisch, ja hässlich empfand.

Inspirationsquelle für Sanspareil war der Skulpturenpark »Parco dei Mostri« im Sacro Bosco di Bomarzo bei Rom, der 1550 bis 1563 für Herzog Vicino Orsini geschaffen wurde.

KAISERINWITWE CIXI
1835 – 1908

*»Wer mich einen einzigen Tag unglücklich macht,
soll ein Leben lang leiden.«*

Kaiserinwitwe Cixi

Der Park des Sommerpalastes bei Peking illustriert die Maximen der chinesischen Gartenkunst.

Schon im vierten Jahrhundert vor Christus werden die chinesischen Gärten als fantastische Orte beschrieben. Zwischen Hibiskushecken und Lotusblüten wandeln Pfauen, die Luft ist erfüllt vom Duft der Orchideen. Die wichtigsten Gestaltungselemente der kaiserlichen Gärten sind im Gegensatz zur europäischen Gartentradition Berge und Wasser, mit denen die Herrscher Unsterblichkeit assoziierten.

Kaiser Qianlong (1736–1795) hatte ein Vermögen in den Ausbau des Yuan Ming Yuan, der Gartenanlage um den Sommerpalast im Norden von Peking gesteckt. Auf einer Fläche von sagenhaften 25 000 Hektar ließ Qianlong Berge, Täler, Grotten, Wasserläufe, Seen und Inseln anlegen. Es gab Festhallen, eine Bibliothek, Jagd- und Tiergehege, Gartenpavillons und eine Geschäftsstraße, die von Eunuchen betrieben wurde. Die Kaiserinwitwe Cixi sah ihre Tätigkeit als Gartenarchitektin gut 100 Jahre später in dieser Tradition. Sie war 1852 als Hofdame in die Verbotene Stadt gekommen. Da sie den einzigen Sohn geboren hatte, schaffte sie es, bis dahin eine unbedeutende Nebenfrau, nach dem Tod des Kaisers Xianfeng im Jahre 1861 durch Glück und raffiniertes Taktieren, die Regierung zu übernehmen. In den Opiumkriegen, die China zwischen 1839 und 1842 sowie von 1856 bis 1860 gegen England und Frankreich geführt hatte, war das Gebiet der legendären Residenz gebrandschatzt worden. Cixi beschloss nun den Wiederaufbau und die Restaurierung von Palast und Park – heute eine öffentliche Anlage.

Über das Marineministerium zweigte sie geschickt Staatsgelder für ihre Gartenbauprojekte ab. Für jedes neue Gebäude legten die besten Künstler des Landes mindestens zehn Entwurfszeichnungen vor, die in mit gelber Seide bespannten Mappen gesammelt wurden. Vor allem sollten der bereits unter Qianlong angelegte »Berg der Langlebigkeit«, der Kunming-See sowie der rund 700 Meter lange Schatten spendende Wandelgang am Seeufer instand gesetzt, erweitert und verschönert werden. Eine weitere Attraktion: ein Teehaus in Form eines Schaufelraddampfers aus Marmor. Da sie die Oper liebte, gab Cixi auch den Bau eines Theaters in Auftrag. Sie verbrachte viel Zeit im Sommerpalast. Mit einem kleinen Zug konnte sie sich bequem zwischen den Gartenpavillons hin und her bewegen. Eher ins Reich der Legende gehört wohl die Behauptung, im Frühling habe sie zusammen mit den Eunuchen-Gärtnern bis zu den Hüften im Schlamm gestanden, um die neuen Lotus-Setzlinge zu pflanzen – ein Gebaren, das zu der ansonsten herb und herrschsüchtig agierenden Regentin nicht passen will.

Cixi ließ ein Teehaus in Form eines Schaufelraddampfers aus Marmor errichten, heute eine Touristenattraktion.

LUISE ULRIKE VON SCHWEDEN
1720–1782

»Die Chinesen haben nichts als Verachtung übrig für den symmetrisch angelegten europäischen Garten.«

William Temple, 1692

Luise Ulrike von Schweden

Ein solches Geschenk war selbst in königlichen Kreisen eine Sensation. Zur Vermählung mit dem schwedischen Kronprinzen Adolf Frederik am 29. August 1744 bekam Luise Ulrike das wunderschöne Lustschloss Drottningholm auf der Insel Lövo im Mälarsee. Die preußische Prinzessin war begeistert von der barocken Anlage und dem großen Garten. Eine ihrer Vorgängerinnen, Königin Hedwig Eleonore (1636–1715) hatte sich die Insel südwestlich von Stockholm Mitte des 17. Jahrhunderts als Witwensitz auserkoren und den Architekten Nikodemus Tessin den Älteren mit dem Bau des Schlosses und der Parkanlage beauftragt. Sein Vorbild waren die französischen Gärten, vor allem natürlich Versailles und Vaux-le-Vicomte. Doch erst unter der Leitung seines Sohnes, Nikodemus Tessin des Jüngeren, erhielt der Garten von Drottningholm seine endgültige Gestalt. Der junge Architekt war eigens nach Frankreich gereist und hatte sich dort von dem schon zu Lebzeiten berühmten Architekten André Le Nôtre höchstpersönlich bei langen Spaziergängen durch den Park von Versailles in die Kunst der Gartengestaltung einweisen lassen.

Ein Juwel der China-Mode in Europa ist das chinesische Teehaus im Garten von Schloss Sanssouci in Potsdam.

Nach Schweden zurückgekehrt, rahmte Nikodemus den von seinem Vater angelegten 180 Meter breiten und 800 Meter langen Garten an drei Seiten mit einer doppelreihigen Lindenallee. Das Terrain gliederte er in vier Teile: Das Broderie-Parterre bestand aus einem Muster aus beschnittenen Buchsbaumhecken und farbigem Kies, und in den umliegenden Beeten wuchsen beschnittene Tannen, Wacholderbäume, Holunder und Liguster sowie blauer und weißer Flieder. Der Farbenreichtum wurde durch bemalte Blumenstöcke, deren Spitzen mit goldenen Kugeln versehen waren, noch verstärkt. An diesen äußerst kunstvoll gestalteten Gartenabschnitt schloss sich das Wasser-Parterre an, darauf folgten die Kaskaden. Die Bosketten, die Wäldchen, schlossen die Anlage nach Westen ab. Für die obligatorische Ausstattung der Grünanlagen mit Figuren konnte Königin Hedwig Eleonore auf ihre reichen Kunstbestände zurückgreifen. Sie ließ die Bronzeskulpturen des berühmten Renaissancebildhauers Adrian de Vries aufstellen, die die Schweden im Dreißigjährigen Krieg in Dänemark und in Prag erbeutet hatten. Hedwig Eleonores Garten sollte alle Sinne ansprechen. Für einen Überraschungs-

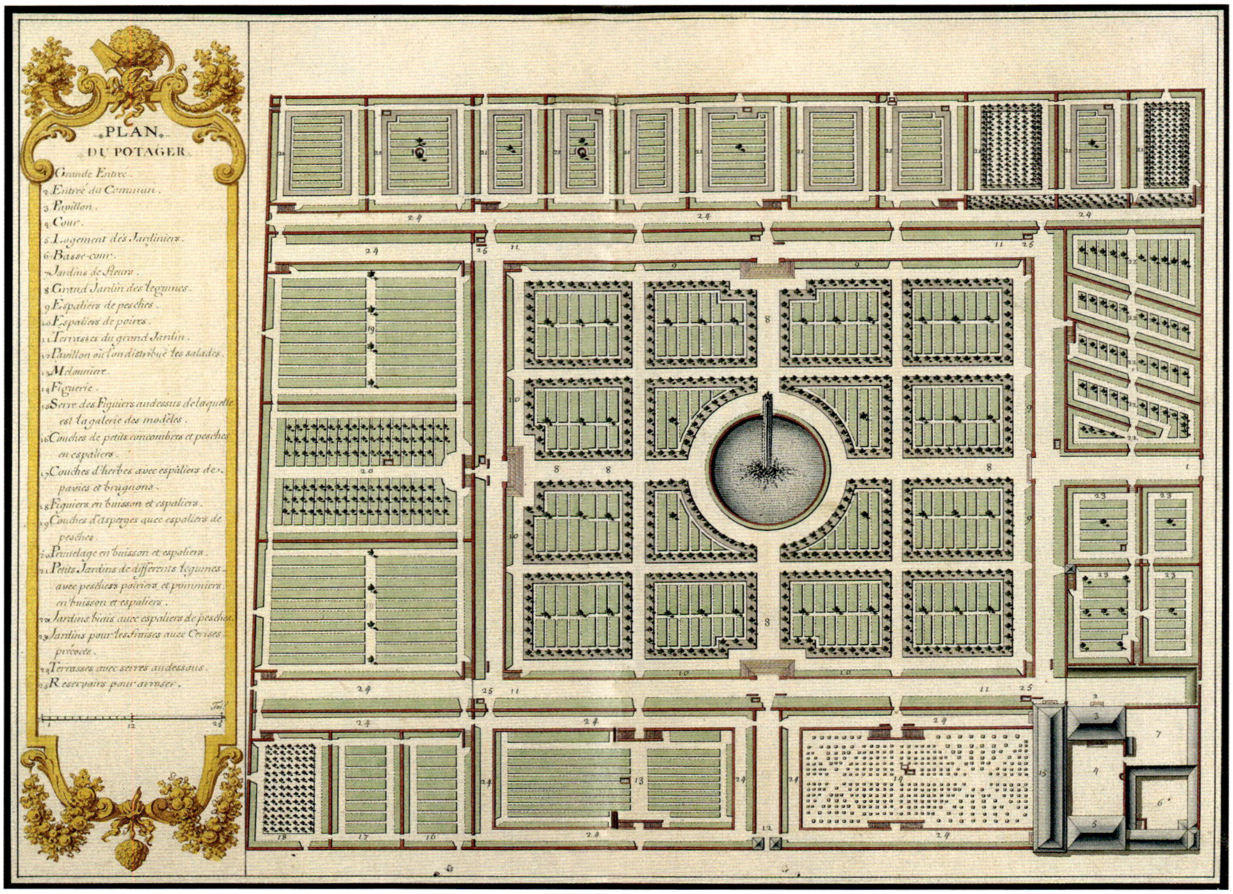

Vorbild aller Barockgärten: der Park des Sonnenkönigs Ludwig XIV. Entwurf zum »Plan der Schlösser und Gärten von Versailles im Jahre 1722«.

effekt sorgte eine große Fontäne in der Mitte des Gartens, die durch ein weit verzweigtes Wasserleitungssystem gespeist wurde.

Luise Ulrike – in Schweden wurde sie Luisa Ulrika genannt –, kunstsinnig und gebildet, machte sich nach ihrer Hochzeit erst einmal daran, die Schlossanlage im Stil des Rokoko zu modernisieren. Der barocke Garten blieb erhalten – bis zu ihrem 33. Geburtstag. Am 24. Juli 1753 schenkte Adolf Frederik, inzwischen zum König gekrönt, seiner Gemahlin ein chinesisches Häuschen. Unter strenger Geheimhaltung war der exotische Pavillon aus Holz in Stockholm gebaut und kurz vor dem Fest per Schiff nach Drottningholm transportiert worden. Mit diesem kleinen Gebäude hielt die China-Mode nun auch in Schweden Einzug. Die Architekten Carl Hårleman und Carl Johan Cronstedt hatten sich Pläne aus Deutschland kommen lassen. Fast gleichzeitig gab Luise Ulrikes Bruder Friedrich II. für den Garten von Schloss Sanssouci in Potsdam ein chinesisches Teehaus in Auftrag – ein Kleinod des Rokoko mit fernöstlichen Ornamenten, das mit seinen vergoldeten lebensgroßen »chinesischen Figuren« für großes Aufsehen sorgte. Auch der Pavillon im schwedischen Drottningholm war typisch für Gebäude im chinesischen Stil – und überdies ein erlesener Rahmen für kleine Festivitäten.

Die Vorliebe für fernöstlich gestaltete Tapeten, Möbel, Porzellane und Lackarbeiten hatte sich, ausgehend von den Handelsmetropolen in Frankreich und Holland, verbreitet: Im 18. Jahrhundert war der gesamte europäische Hochadel im China-Fieber. Schloss Pillnitz bei Dresden beispielsweise wurde ab 1720 ganz im chinesischen Stil errichtet. Oberflächliche Reisebeschreibungen nährten die Vorstellung, dass es sich bei den Ländern des Fernen Ostens um Orte heiteren, sorglosen Lebens und irdischen Glücks handele – und genau damit konnte sich die galante Hofgesellschaft des Rokoko identifizieren. Die Chinoiserien stillten den Hunger nach Exotischem und Fremdem.

In Drottningholm musste der rot gestrichene Holzbau mit Drachenkonsolen allerdings schon bald ersetzt werden; das Material hielt dem harten Klima nicht lange stand. Zwischen 1763 und 1769 ließ das Königspaar eine zweite, solidere Version aus Stein bauen. Mittlerweile waren zahlreiche Bücher zum Thema China erschienen. Carl Gustav Ekeberg etwa behandelte 1754 in »Account of Chinese Husbandry« den chinesischen Garten, und auch das neue China-Schlösschen wurde natürlich mit einem geschwungenen Pagodendach versehen. Bei der Gestaltung der beiden Haupträume des Neubaus ließen sich der Dekorateur und die Architekten von William Chambers (1728–1798) im Jahre 1757 erschienenem Buch »Designs of Chinese Buildings, Furniture, Dresses, Machines und Utensils etc.« inspirieren. Chambers hatte als Kaufmann für die Schwedische Ostindien-Kompanie in China gelebt und nach seiner Rückkehr nach England einige Bücher über die ostasiatische Baukunst und Ornamentik verfasst. 1768 sandte er je ein Exemplar seiner Schriften an den schwedischen Hof, wo man seine Abhandlungen fleißig studierte.

Das Herzstück der im Halbrund angelegten Anlage, der Spiegelsaal, wurde mit chinesischen Porzellanfiguren ausstaffiert, die Stühle sind mit indischen Seidenstoffen in Blumendekor bezogen. Obwohl nicht fernöstlich gestaltet, wurde der Teil des Gartens um den exotischen Pavillon von Luise Ulrike einfach »China« genannt. Der Architekt Carl Frederik Adelcrantz ließ Bosketten pflanzen, die

China-Schlösschen im Park von Drottningholm, erbaut 1763 bis 1769. Mit dem Vorgängerbau aus Holz hielt die China-Mode in Schweden Einzug.

kleine Räume bildeten. Darin fanden Volieren und romantische Geißblatt- und Fliederlauben Platz. Das China-Schlösschen selbst diente als intimer Rückzugsort der königlichen Familie. Dementsprechend wurde ein Pavillon des Gebäudes »Confidences« genannt, was so viel bedeutet wie »vertrauliche Mitteilungen«. Hier konnte man ganz privat ohne die Anwesenheit von Dienern speisen. Denn sowohl der Esstisch als auch die Anrichte ließen sich in die Dienstbotenräume im Keller versenken.

HERZOGIN VON OSUNA
1752–1834

»Die bemerkenswerteste Frau von ganz Madrid,
was Talent, Moral und Geschmack betrifft.«

Elizabeth Lady Holland (1770–1845)

Herzogin von Osuna

Heiße Sommer und trockene Winter sind keine idealen Ausgangsbedingungen für üppige Blumen-Parterres oder einen saftig grünen englischen Landschaftsgarten. María Josefa Pimentel Herzogin von Osuna ließ sich jedoch von dem ungünstigen Klima ihrer spanischen Heimat nicht einschüchtern. Der nach ihren Anweisungen angelegte Park El Capricho in Madrid gehört zu den schönsten des Landes. Für die Herzogin sollte der Garten sowohl repräsentative Zwecke erfüllen als auch dem Vergnügen dienen. »El Capricho« bedeutet so viel wie »Schrulle« oder »schräger Einfall«. Tatsächlich wurden die Besucher des 18. Jahrhunderts von vielen besonderen Ideen zum Staunen gebracht.

Die Anlage spiegelt den sozialen Status und den legendären Intellekt der Herzogin wider. Aus einer der bedeutendsten Familien des spanischen Hochadels stammend, gab sie in der zweiten Hälfte des 18. Jahrhunderts nicht nur in Fragen der Mode und des Stils landesweit den Ton an, sie war auch sehr gebildet. Die Büchernärrin, die eine Bibliothek von 60 000 Bänden besaß, las alles von Horaz bis zu Cervantes und den Autoren der französischen Aufklärung, die sie besonders schätzte. Keineswegs eine Selbstverständlichkeit: Von der Inquisition, die vorgab, über die Moral und die guten Sitten zu wachen, hatte sie eigens eine Genehmigung einholen müssen, verbotene Bücher zu besitzen – darunter Werke von Voltaire und Rousseau, der nicht nur staatstheoretische Schriften verfasste. In seinem empfindsamen Briefroman »Julie ou la nouvelle Héloïse« von 1761 beschrieb er einen Garten, der – im Gegensatz zu den rational konzipierten Barockgärten seiner Zeit – ausschließlich der Natur verpflichtet ist. Äußerst beliebt in Adelskreisen waren seine botanischen Lehrbriefe, in denen er die einzelnen Pflanzenfamilien beschrieb und dazu aufforderte, in Wald und Feld nach Blättern und Blumen zu suchen. Ob die Herzogin von Osuna genau diese Bücher las, wissen wir nicht. Nur so viel: Der französische Schriftsteller und Verleger Charles de Pougens schickte ihr Bücher aus Paris, die en vogue waren, und er versorgte sie mit indischem Tee, Parfüms und Zeitungen wie dem »Journal des Débats«. Die Herzogin engagierte sich auch sozialpolitisch und schloss sich der ersten nicht religiösen Frauenbewegung in Spanien an, der sogenannten Junta de Damas de Honory Mérito. Die adligen Damen förderten die Bildung von Arbeitertöchtern und setzten sich für eine Verbesserung der Haftbedingungen in Frauengefängnissen ein. In die Kunstgeschich-

Typische Elemente des Barockgartens sind die geometrisch beschnittenen Buchsbaumhecken, die den Weg zum 1792 bis 1796 erbauten Palast La Alameda säumen.

te ist die Herzogin von Osuna als Mäzenin eingegangen. Früh förderte sie den berühmtesten spanischen Maler des 18. Jahrhunderts, Francisco de Goya, den sie mit Porträts von sich und ihrer Familie beauftragte.

Ihre ambitioniertesten Projekte aber waren der Bau des Palastes Alameda und die Anlage des dazugehörigen Parks El Capricho. Im Jahr 1783 hatte sie gemeinsam mit ihrem Mann ein kleines Landhaus in der Nähe von Madrid erworben, zu dem auch 250 Hektar Grund gehörten, auf dem man Obstbäume kultivierte und Landwirtschaft betrieb. Die Herzogin ließ das einfache Anwesen in einen Palast mit Säulenfassade umbauen. Mit dem Garten beauftragte sie Pablo Boutelou – der Angehörige einer bekannten Familie von Gartenarchitekten, der durch seine Aufenthalte in Versailles, Holland und England mit den neuesten Ideen der Gartenbaukunst vertraut war, galt damals in Spanien als Meister seiner Zunft. Für die Herzogin von Osuna plante er nun einen zweigeteilten Garten: Nordöstlich des Palastes legte er nach den Regeln des traditionellen französischen Barockgartens ein Rondell an, in dessen Mitte ein Brunnen, »la fuente de las ranas«, sprudelt. Der andere, mit etwa 19 Hektar sehr viel größere Teil, westlich des Schlosses gelegen, wurde nach dem Ideal des englischen Gartens gestaltet, das Anfang des 18. Jahrhunderts in Mode gekommen war. Der Besucher wandelt auf gekurvten Spazierwegen durch eine liebliche Landschaft mit Wiesen und kleinen Wäldern, die zwar natürlich wirken, aber kunstvoll arrangiert sind. Der englische Dichter und Satiriker Alexander Pope forderte als einer der Ersten die Rückkehr zur »liebreizenden Schlichtheit der schmucklosen Natur« – und machte die geometrische Strenge und Künstlichkeit der französischen Gärten zur Zielscheibe seines Spotts: »Adam und Eva in Eibe; Adam ein wenig ramponiert, weil ein Baum der Erkenntnis vom großen Sturm gefällt wurde ... Der heilige Georg in Buchs; sein Arm ist noch nicht lang genug, aber im kommenden April wird er den Drachen töten können ... zwei Riesen, verkümmert und billig abzugeben«, witzelte er in einem imaginären Katalog für immergrüne Formbäume, und in zahlreichen Artikeln geißelte er all die »kleinen Labyrinthe der kunstvollen Parterres«.

Es ist sehr wahrscheinlich, dass María Josefa de Osuna mit den Ideen von Pope und anderen englischen Gartentheoretikern und -architekten wie William Kent vertraut war. Und wie in den englischen Vorbildern, die oft an Gemälde von Nicolas Poussin und Claude Lorrain erinnern, durften in El Capricho auch Architekturelemente nicht fehlen. Sie dienten einerseits als Blickpunkte. Andererseits

Die Eingangstreppe zum Casino de Baile, dem Sommerhaus am Fluss Ría, das 1815 für Tanzveranstaltungen errichtet wurde.

Unter mediterranen Pinien, die Schatten spenden, erstreckt sich ein mit Begonien bepflanztes Blumen-Parterre in changierenden Rottönen.

standen sie aber auch für persönlich-philosophische, historische, literarische und mythologische Themen. Ein Tempel auf ovalem Grundriss war der Göttin der Schönheit Venus gewidmet. Das »Haus des Eremiten«, das der Theatermaler Angel María Tadey mit illusionistischen Malereien schmückte, wurde von Einsiedlermönchen bewohnt, die für die vom Herzog begangenen Sünden beteten. Der ungewöhnlichste Bau des Parks ist das Bienenhaus »El Abejero« im klassizistischen Stil. Hier waren Bienenstöcke untergebracht, die den Hofstaat mit Honig versorgen sollten. Der Clou war: Durch eine Glasscheibe hindurch konnte man den Bienen bei ihrer Arbeit zuschauen – ein Gebäude nicht nur zur Erbauung also, sondern auch zur Belehrung. Mit dem Bild der fleißigen Biene wurde die Vorbildlichkeit der Natur zur Schau gestellt. Im Laufe der Zeit berief die Herzogin weitere Gartengestalter, wie 1787 den Franzosen Jean Baptiste Mulot und 1795 seinen Landsmann Pierre Prevost. Zwischen 1798 und 1799 ließ sie einen 420 Meter langen Kanal anlegen, der in einen künstlichen See mit zwei Inseln mündet.

Die heutige Anlage des Gartens entspricht nicht mehr ganz dem Entwurf der Herzogin von Osuna und ihrer Landschaftsgärtner. Ihr Enkel Pedro Alcántara ließ ein Labyrinth anlegen. Ein weiterer Besitzer von El Capricho, der Maler und Gartenarchitekt Javier de Winthuysen, ersetzte den Rosengarten vor dem Palast 1940 durch ein Blumen-Parterre. Auch ein besonderes Vergnügen der adligen Herrschaften ist heute längst Geschichte: Mit einer Gondel, die von einem farbigen Diener gesteuert wurde, fuhr man über den Kanal. Die romantische Flussfahrt begann bei der Miniaturfestung El Fortín, von der aus zu festlichen Anlässen Kanonensalven abgefeuert wurden.

LUCIE FÜRSTIN VON PÜCKLER-MUSKAU
1776 – 1854

»Täusche Dich nicht an der Oberfläche meiner Handlungsweise,
blicke tiefer, und Du wirst einsehen:
Der Besitz Muskau ist mein Verderben.«

Hermann Fürst von Pückler-Muskau an Lucie, Briefwechsel und Tagebücher, 1873 – 1876

Lucie Fürstin von Pückler-Muskau

Lucie von Pückler-Muskau ist in die Geschichte der Gartenbaukunst eingegangen, weil sie alles, wirklich alles dafür tat, die Leidenschaft ihres Mannes zu unterstützen: Hermann Fürst von Pückler-Muskau (1785–1871) hatte sich in den Kopf gesetzt, in Muskau einen gigantischen Park zu erschaffen, wie die Welt ihn noch nie gesehen hatte. Die Idee war dem für seine dandyhafte Lebensführung bekannten Fürsten 1814 bei einer Reise durch England gekommen, wo er ganze 36 Parkanlagen besichtigt hatte. Vorbild war die Aussicht von Richmond Hill auf die weite Landschaft des Themsetales, in dem viele Gärten und Parks den Eindruck eines sich ins Unendliche verlierenden Landschaftsbildes erzeugten. In die Heimat zurückgekehrt, machte er sich sofort daran, die Bürger seines Fürstentums davon zu überzeugen, ihm, dem Standesherrn, das für den Park benötigte Land gegen eine finanzielle Entschädigung zu überlassen. Schon am Anfang des groß angelegten Projektes bestand über eines kein Zweifel: Die Realisierung würde teuer werden. 1817 heiratete er die Frau mit dem für seine gartenkünstlerischen Eskapaden nötigen finanziellen Hintergrund. Als Tochter des Staatskanzlers Hardenberg, dem Pückler sein Fürstendiplom und Preußen die nach ihm benannten Reformen verdankte, genoss Lucie Gräfin von Hardenberg-Reventlow größtes Ansehen in gehobenen Berliner Kreisen.

Schon vor der Eheschließung schrieb Pückler an seine Braut über alle kleinen und großen bereits erfolgten und noch zu tätigenden Anschaffungen in Muskau. Zunächst wurde das Umfeld des Schlosses den Wünschen des Standesherrn und den Erwartungen der künftigen Fürstin angepasst: Eine lang gestreckte Parkwiese wurde angelegt, die sich perspektivisch auf die von Lucie bewohnten Gemächer im Schloss bezog. In Anlehnung an Lucies Kosenamen taufte Pückler das Gelände »Schnucketal« – heute heißt es Tränenwiese. Auf einem Grundstück weitab vom Schloss schuf er mit zwei kleinen Cottages einen stimmungsvollen Gartenbezirk, den er »England« nannte. Hier standen der Landbevölkerung ein Ausfluglokal, ein Schießstand und eine Kegelbahn zur Verfügung. Im Süden legte er den sogenannten Badepark an, eine kleine Kureinrichtung mit Mineralquellen, von der man sich zusätzliche Einnahmen versprach. Lucie ließ sich von der Parkomanie ihres Gatten mitreißen und organisierte Geld und Material. Doch schon zu Anfang ihrer Ehe entpuppte sich der Fürst, das erschließt sich aus seinen Briefen, als notorischer

Idealentwurf für Schloss Muskau von Karl Friedrich Schinkel für Pücklers Buch über den Park »Andeutungen über Landschaftsgärtnerei«, erschienen 1834.

Fremdgänger; selbst vor einem Verhältnis mit Lucies Pflegetochter Helmine schreckte er nicht zurück. Von der Gattin forderte Pückler Nachsicht: Sie sei für ihn die mütterlich duldende Liebespartnerin, Helmine hingegen brauche er zur Befriedigung seiner erotischen Fantasien.

Da der genusssüchtige Fürst in Muskau kaum anwesend war, wurde Lucie zur Verwalterin seiner Ideen. Mit Hilfe des Parkinspektors Jacob Heinrich Rehder kümmerte sie sich um die Anlage des Gartens, der immer mehr Geld verschlang. 1823 war der Schuldenberg so hoch, dass es nur noch einen Aus-

Entwurfsplan für den Park von Muskau, sogenannter B-Plan, in »Andeutungen über Landschaftsgärtnerei«, 1834.

weg gab: Damit er sich eine reiche Erbin zur Finanzierung der Parkanlage suchen konnte, bot Lucie, stets selbstlose Gefährtin, ihrem Mann die Scheidung an. Die Ehe sei eine Konvenienzehe gewesen, die Trennung eine reine Geschäftssache, kommentierte Pückler trocken. Sie ändere nichts an der ewigen Freundschaft und Liebe zu seiner »Herzensschnucke«. Das gemeinsame Gartenprojekt wurde auch jetzt erst einmal fortgeführt. Auf Anraten Lucies wurden die Schlossgräben zu einem natürlich wirkenden See zusammengeführt, dem sogenannten Luciesee. 1826 – die Ehe des fürstlichen Paares war nun offiziell geschieden – brach Pückler zur Brautschau nach England auf. Ende des folgenden Jahres schrieb er an Lucie, dass er gleich bei vier reichen Erbinnen Chancen habe: »die Gibbins, des Doktors Tochter, hübsch u. accomplié mit wenigstens 50 000 Pfund 2. Eine andere Kaufmannstochter, sehr hübsch, gut u. dumm mit 40 000 Pfund 3. Eine Vornehme, Hässliche mit 100 000 4. Eine sanfte, kluge, hübsche und Vornehme nur mit nur 25 000 Pfund ... Mischt sich übrigens kein mächtiger Feind ein, glaube ich wenn ich Ernst mache von keiner einen Korb zu befürchten zu haben.« Der Fürst auf Freiersfüßen musste jedoch unverrichteter Dinge in die Heimat zurückkehren – nach den englischen Ehegesetzen gar nicht geschieden, ließ er zudem in der feinen Gesellschaft der Insel keinerlei Fettnäpfchen aus. Es ist Lucie zu verdanken, dass Pückler nach seiner Rückkehr in Muskau die über 2000 Briefseiten, die er während der Englandreise an sie geschrieben hatte, überarbeitete. Die von der Fürstin redigierte Fassung der Briefe erschien 1830/32 unter dem Titel »Briefe eines Verstorbenen«. Das Buch wurde zum Bestseller. In den folgenden Jahren bereiste Pückler den Orient und betätigte sich als Reiseschriftsteller. Lucie führte in Muskau derweil das Kommando über das Schloss und den Park, der durch weitere Blumengärten, den Blauen Garten und den Herrengarten erweitert wurde. 1840 kehrte Pückler nach Muskau zurück und regte einige ambitionierte Neubauten an: So entstanden die Orangerie und ein großzügiges Brauhaus mit angeschlossenem Hotel. Im Jahr 1845 war der Fürst so verschuldet, dass er die Standesherrschaft schließlich doch verkaufen musste. Lucie, der seit der Scheidung ein Großteil gehörte, willigte schweren Herzens in den Verkauf ein. Der Parkomanie aber war damit kein Ende gesetzt: Sie kam bald darauf in Branitz erneut zur Entfaltung, wo »Schnucke« und ihr »Gartenfürst« auf Lucies Betreiben hin aus einer »Wüste«, wie sie selbst sagte, eine »Oase« schufen – einen großen Landschaftspark mit Raumbildern aus jahrhundertealten Bäumen, Blumengärten und Seen und, in Europa wohl einzigartig, sogar einigen Pyramiden.

Jäten, Gießen, Harken

Die Damen mit dem grünen Daumen

Das Gärtnern galt zu allen Zeiten als damenwürdiges Hobby, doch eher als schmückendes Beiwerk zur Untermalung weiblicher Reize denn als ernsthafter Zeitvertreib: Die anmutige Frau erstrahlte noch mehr im Glanz eines blühenden Gartens, der Garten kam noch besser zur Geltung, wenn seine Pflege die Hand einer Frau verriet. Es wurde gern gesehen, wenn Frauen Blumen verschnitten oder ein wenig botanisierten, vor schwerer körperlicher Arbeit aber, vor allzu tiefen wissenschaftlichen Einblicken gar meinte man sie schützen zu müssen. Vor allem das linnésche System mit seiner metaphorischen Obsession für Pollen und Stempel, für Bigamie und Vetternhochzeiten galt lange als unanständig. Selbst Goethe, der ja auch auf dem Gebiet der Naturwissenschaft ernsthafte Studien betrieb, hielt mit seiner Skepsis nicht hinter dem Berg: »Dies alles bleibt dem reinen Menschensinne unerträglich. Wenn unschuldige Seelen botanische Lehrbücher in die Hand nehmen, so wird ihr sittliches Gefühl beleidigt.«

Hier wird von Frauen erzählt, die sich über solche Zimperlichkeiten hinweggesetzt haben, die mehr als ein sensibles Dekorationsstück sein wollten und das Gärtnern mit all seinen Mühen, den Enttäuschungen und der Möglichkeit neuer Einsichten zu ihrer eigenen Sache machten. Der Garten wird von der bloßen Kulisse zur eigenen Werkstatt der Frau, zu einem Ort, an dem sie sich selbst verwirklicht und Erfahrungen sammelt, die Teil weiblicher Identität werden: ein »eigenes Zimmer«, wie Virginia Woolf es für sich erträumte.

Die Schriftstellerin Louisa Johnson veröffentlichte, der ewigen Konflikte mit ihrem Gärtner überdrüssig, 1837 ein Buch mit dem programmatischen Titel »Jede Lady sei ihr eigener Blumengärtner«. Die Blumenzucht, so schreibt sie dort, habe sich in Großbritannien von einem Zeitvertreib zur vorherrschenden Leidenschaft der Damen gewandelt. Johnsons Forderung: »Wir brauchen ein Werk, das uns in die Lage versetzt, unser eigener Gärtner zu werden: Wir wünschen, alles selbst zu wissen.«

JANE LOUDON
1807–1858

»Ich schreibe dies, weil ich denke,
daß Bücher für Profigärtner nur selten
den Bedürfnissen von Amateuren entsprechen.«

Jane Loudon

Jane Loudons »Gardening for Ladies« erschien 1840 und ist eine Sammlung praktischer Ratschläge und klarer Instruktionen für die gärtnernde Dame.

Als John Claudius Loudon, Journalist und hoch geschätzter Autor von Gartenratgebern, 1830 das soeben erschienene Gruselstück »Die Mumie« las, hatte er ein Déjà-vu-Erlebnis: In der futuristischen Geschichte spielt allerlei technisches Gerät eine Rolle, wie ein mit Dampfkraft betriebener Pflug und eine mechanische Melkmaschine. Loudon selbst hatte genau diese Neuentwicklungen in einem seiner Bücher vorgestellt. Er traf sich kurzerhand mit dem Autor und musste zu seiner Überraschung feststellen, dass es sich um eine Frau handelte, eine außerordentlich attraktive dazu: Jane Webb, damals 23 Jahre alt, schrieb unter einem männlichen Pseudonym. Sechs Monate später waren die beiden ein Ehepaar.

Nach der Hochzeit wechselte Mrs. Jane Loudon vom Horrorfach ins friedliche Reich der Blumen und wurde die ebenso ergebene wie geschäftstüchtige Partnerin ihres Mannes. Gemeinsam bewirtschafteten sie den häuslichen Garten in Bayswater, der ein Laboratorium für Loudons Pflanzenzüchtungen war. Jane half als Sekretärin bei der Abfassung seines gewaltigen Hauptwerks, der »Encyclopedia of Gardening«, in der Loudon den aktuellen Wissensstand zu Pflanzenkunde und den Techniken des Gärtnerns, aber auch zu den unterschiedlichen Gartenstilen in ganz Europa referierte.

Daneben gab er seit 1826 »The Gardener's Magazine« heraus, einen Ratgeber für Profis. Dem Jahreslauf entsprechend, wurde das Publikum auf die anstehenden Arbeiten im Garten und in der Landwirtschaft hingewiesen, kundig, doch nicht selten maßregelnd, mit erhobenem Zeigefinger. Loudon stellte Züchtungsergebnisse und neu importierte exotische Pflanzen vor, und zur Freude seiner männlichen Leser diskutierte er auch hier technische Neuerungen – von der Rasenwalze über den schon erwähnten Dampfpflug bis zum Faltdach für Gewächshäuser.

Jane Loudon, vorher in der Materie wenig beschlagen, teilte bald die Leidenschaft ihres Mannes und profitierte von dessen umfassendem Wissen. Doch mit der Fachliteratur aus seiner Feder konnte sie wenig anfangen – sie war ihr zu technisch und überdies zu trocken geschrieben. Überzeugt, dass Gartenratgeber durchaus auch Interesse beim weiblichen Publikum fänden, gründete sie mit »The Lady's Magazine of Gardening« ihre eigene Zeitschrift. Berufstätig waren damals in der Mittelschicht kaum zehn Prozent der Frauen – die

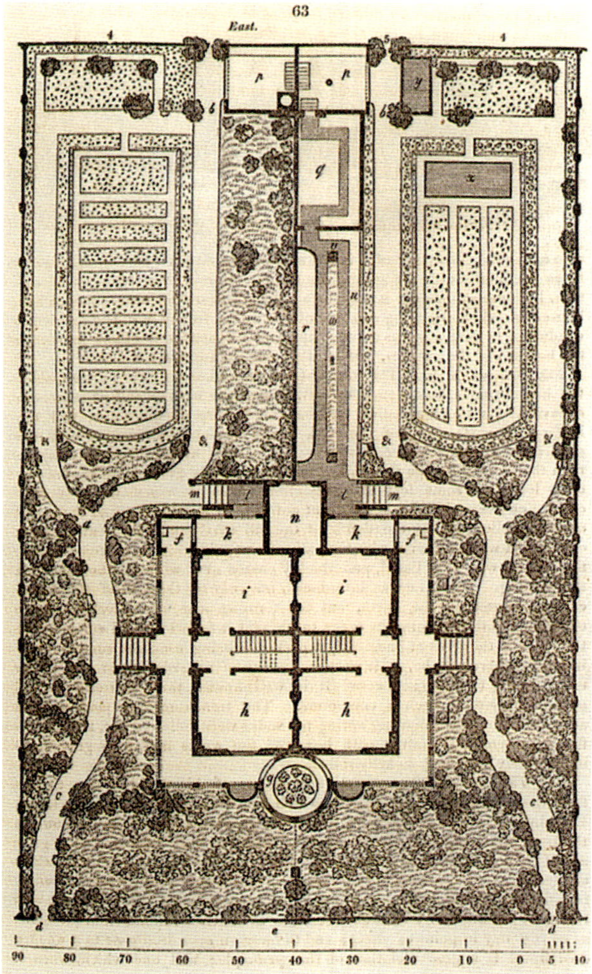

links: In ihrem Garten im Londoner Stadtteil Bayswater haben die Loudons experimentiert, so etwa mit Exoten, die sie auf ihre Eignung für das englische Klima testeten. Die berühmte Kameliensammlung der Gartenbuchautoren war in einem Gewächshaus mit Eisenbaukuppel untergebracht. unten: Porträt John Claudius Loudons, um 1845.

Mehrheit aber bewegte sich im viel zitierten Dreieck von Kinderzimmer, Küche und Kirche. Der Garten war für Jane Loudon ein Ort der Kreativität, er sei, so sagte sie einmal, die Leinwand, auf der Frauen entwerfen und malen könnten, in ihren Farben und ganz nach ihrem Belieben.

Natürlich stellte auch sie in ihrem Magazin die neuen Trends und Züchtungen vor, doch ganz ohne Fachchinesisch und in oft poetischer Sprache. Eine Rubrik befasste sich mit wild lebenden Tieren, und in einem Kummerkasten landeten Anfragen wie diese: »Ist irgendetwas Wahres an der alten Gartenweisheit, dass eine Schlüsselblume, kopfüber gepflanzt, ihre Farbe verändert?« Die Herausgeberin und einzige Autorin des Gartenmagazins für Damen beantwortete geduldig jede noch so bizarre Frage, schrieb über Zimmerpflanzen und über Gartendekor – wobei sie eine Vorliebe für den düsteren, überfrachteten Kitsch des viktorianischen Zeitalters zeigte: Mooshütten und Bänkchen, künstliche Felsen und pittoreske Baumstümpfe sowie verzierte Töpfe und Statuetten.

Neben all diesen Detailfragen hatte sie klare Vorstellungen davon, wie ein Garten zu gestalten sei. Nachdem in England jahrzehntelang die Parklandschaft favorisiert worden war, also die Inszenierung einer idealisierten Natur, wandte sich das 19. Jahrhundert dem neuen, alten Prinzip zu, dass Gartenkunst als Menschenwerk erkennbar bleiben solle: Blumenbeete kamen wieder ihn Mode, und Jane Loudon empfahl Parterres von ganz formalem Zuschnitt und barockem Ebenmaß. In die Mitte ihrer Entwürfe setzte sie häufig Rundbeete, denn diese, so fand sie, böten von allen Seiten her einen erfreulichen Anblick.

Bei der Pflanzenauswahl beschritt sie zwei unterschiedliche Wege: Zum einen legte sie schematische Farbkompositionen an. Primärfarben sollten neben Mischfarben stehen, und einzelnen Gartenabschnitten wies sie Farbthemen zu, die Kombination einer Farbe mit ihrer Komplementärfarbe etwa. Zum andern plädierte sie für Schaubeete mit einem Sammelsurium exotischer Pflanzen. Die Zahl der verfügbaren Sorten war in den Jahrzehnten zuvor ins Unermessliche gewachsen. Pflanzenjäger und -sammler hatten jeden Winkel der Welt

und alle Vegetationszonen durchstreift, und viele tropische Pflanzen waren für das milde englische Klima kultiviert worden. Als Solitäre wurden sie nun regelrecht in Szene gesetzt – um ihrer eigenen Schönheit willen und zum Ruhme ihrer Besitzer.

Natürlich waren John und Jane Loudon nicht die Einzigen, die für Gärtner und Gärtnerinnen publizierten. Seit den Zwanzigerjahren des 19. Jahrhunderts versuchten sich auch andere Autoren und Verleger auf diesem Gebiet – und der Konkurrenzkampf wurde mit harten Bandagen geführt. Der Redakteur der »Gardener's Gazette« George Glenny zum Beispiel schreckte dabei auch vor persönlichen Attacken keineswegs zurück; von weiblichen Gärtnern hielt er rein gar nichts: Mr. Loudon allein, ließ er sich einmal vernehmen, sei schon ein miserabler Autor, seine Ehefrau aber mache alles noch schlimmer. »Eine boshafte Tollhäuslerin« sei sie, eine »lügnerische alte Frau«, ja geradezu »widerwärtig«, und: »Je eher Loudon sich ihrer entledigt, desto besser.«

Der unfromme Wunsch des cholerischen Mr. Glenny sollte sich nicht erfüllen. Er selbst verlor bald darauf seinen Posten, während Jane Loudon ihr Werk bis an ihr Lebensende erfolgreich fortführen konnte. Nach dem Tod ihres Mannes 1843 gab sie weiterhin ihr Magazin heraus und schrieb in Zusammenarbeit mit ihrer Tochter Agnes eine ganze Serie von Gartenbüchern speziell für Frauen, die allesamt Bestseller wurden. Ihr Erfolgsgeheimnis und ihr Verdienst bestanden darin, dass sie ihre Leserinnen stets ermutigte, sich allen Herausforderungen des Gärtnerns zu stellen. Für die harte Arbeit des Umgrabens seien Frauenhände und -füße mitnichten »zu klein und zu delikat geformt«. Auf die Technik komme es an, dann sei das alles ganz einfach. Sie empfahl kleinere Spaten mit leichtem Stiel und messerscharfer Schneide, lederne Handschuhe und eine Metallplatte, die man mithilfe von Lederriemen unter der Schuhsohle befestigen kann, den sogenannten »Tramp«.

Nur auf die hinderlichen Röcke, die eng geschnürten Korsetts und züchtigen Spitzenkragen wagte auch sie noch nicht zu verzichten. Geprägt vom calvinistischen Eifer ihres Ehemannes, gehörten Schicklichkeit und Moral für sie untrennbar zum Dasein einer Lady: »Ehefrauen und Mütter haben wichtige Pflichten zu erfüllen; sie sind Triebfeder der moralischen Welt, und selbst inmitten ihrer duftenden Blumen finden sie Gelegenheit zur Belehrung und Erteilung kluger Lektionen.«

Jane Loudon illustrierte ihre Bücher zu großen Teilen selbst. Diese farbige Lithografie zeigt Mohnblüten und Anemonen und stammt aus dem Werk »The Ladies' Flower Garden« von 1842.

GERTRUDE JEKYLL
1843 – 1932

*»Es ist sehr lehrreich, einem geschickten
Waldarbeiter zuzusehen, was alles er mit seinem einfachen,
traditionellen Werkzeug bewerkstelligen kann.«*

Gertrude Jekyll

Helen Allingham malte um 1900 die Haupteinfassung des Gartens von Gertrude Jekyll in Munstead Wood. Aloe, Lilien und Steckrosen setzen sich gegen die Rundformen der niedrigen Stauden und Blüten ab.

Gertrude Jekyll trägt den Namen einer Gestalt der Weltliteratur. Gertrudes Bruder Walter, ein Freund von Robert Louis Stevenson, stand Pate für den Titelhelden des Romans »Dr. Jekyll and Mr. Hyde«. Die Schwester selbst wurde Teil eines nicht minder berühmten Paares: Gertrude Jekyll und Edwin Lutyens waren ein Traumgespann ihrer Epoche – er Architekt, sie Gartengestalterin. Um die Wende zum 20. Jahrhundert entwickelten sie das, was wir heute unter einem »englischen Bauerngarten« verstehen.

Als wäre sie nie jung gewesen, sehen wir auf fast allen Fotografien, die von Gertrude Jekyll erhalten sind, eine würdige Matrone in ausladenden schwarzen Taftkleidern mit hochgestecktem weißem Haarkranz und Brille, oft auch mit Hut und Gehstock. Dabei hatte sie, bevor sie als reifere Dame mit ihren Gärten berühmt werden sollte, schon eine beachtliche Karriere als Künstlerin hinter sich. Ihre Aufnahme an der Londoner »Kensington School of Art« im Alter von 17 Jahren verdankte sie nicht nur ihrer Begabung, sondern in hohem Maße ihren kunstsinnigen Eltern. Sie förderten ihre Tochter auch, indem sie, entgegen der Konvention, nicht auf einer Heirat bestanden.

Die junge Kunststudentin liebte die Bilder von William Turner. Den Impressionismus vorwegnehmend, hatte er das Spiel von Farbe und Licht in der Natur zu seinem Thema erhoben. Gertrude Jekyll studiert seine Malweise und entdeckt auf ausgedehnten Reisen nach Italien, Griechenland und Algerien in der ausgebleichten, pastellfarbenen Vegetation des Südens »ihre« Farben: Grau und Violett, Rosa und Silber. Neben der Malerei erprobt sie sich in den unterschiedlichsten Handwerkstechniken. Ihre ersten eigenen Arbeiten sind Stickereien, doch mit den konventionellen Handarbeiten höherer Töchter der Zeit haben sie wenig gemein. Gertrude Jekyll entwirft Muster aus stilisierten Blüten und Blättern, experimentiert mit dreidimensionalen Effekten und verschiedenen Materialien. Sie ist wohlhabend und zielstrebig genug, um ohne Rücksicht auf den herrschenden Geschmack ihren eigenen Stil zu entwickeln. Dabei versucht sie sich auch an so ausgefallenen Techniken wie dem Silberschmieden und Intarsienarbeiten. Ihre originellen und kraftvollen Entwürfe finden bald erste Abnehmer. Als sie auch Aufträge als Innenarchitektin erhält, richtet sie sich eine eigene Werkstatt ein.

Sie hat weder Ehemann noch Kinder, zu ihren Freunden zählen Maler und Schriftsteller, und den-

noch: Eine Bohemienne ist sie nicht. Ihr Leben ist wie ihre Gärten sorgfältig und maßvoll angelegt. Sie arbeitet diszipliniert und legt Wert auf Tradition und Schicklichkeit. So hält sie zum Beispiel Abstand zu den Suffragetten, obwohl gerade sie ein musterhaft emanzipiertes Leben führen. Doch ein Damoklesschwert hängt über diesem wohlgeordneten Dasein: Die Ärzte prognostizieren, dass sie nach und nach ihr Augenlicht verlieren wird – für die Künstlerin eine Tragödie.

Dass sie sich der Gartengestaltung zuwendet, als sie ihre präzisen Handarbeiten nicht mehr ausführen kann, ist trotzdem keine Verlegenheitslösung. Schon auf ihren Reisen hat sie berühmte historische Gartenanlagen auf dem Kontinent besucht und eingehend studiert, und bereits 1868 zeichnet sie für Freunde ihren ersten eigenen Entwurf. Danach wird der elterliche Garten zu ihrem Experimentierfeld; hier entwickelt sie ihre Ideen und setzt

oben: Hestercombe Garden entstand von 1904 bis 1910 und gilt als Meisterwerk von Lutyens und Jekyll. Das raffiniert strukturierte Gelände bietet eine Abfolge wechselnder Ausblicke.
unten: 1897 malte Edwin Lutyens seine gestrenge Partnerin.

Ein Blick Richtung Westen durch die große Pergola in Hestercombe: Die massige Konstruktion von Lutyens ist heute von Kletterosen, Geißblatt und Weinreben überwachsen. Am Boden wuchert Lavendel.

sie praktisch um. 1880 beginnt sie, Artikel über Farbgebung und Pflanzenkombinationen für die Zeitschrift »The Garden« zu schreiben – der Grundstein für ein bedeutendes publizistisches Werk ist damit gelegt. Und schon jetzt erweist sie sich als Vorreiterin neuer Trends und zieht etwa gegen die damals modernen »Teppichbeete« zu Felde, in denen einjährige Pflanzen zu akkuraten Mustern angeordnet werden. »Die Farben sind mit der Besonnenheit und reiflichen Überlegung zu setzen, wie ein Maler sie in einem Bild verwendet, anstatt sie so, wie sie gerade auf der Palette sind, in leblosen Tupfen aufzuklecksen«, setzt sie dem entgegen. Gertrude Jekyll bevorzugt eine großflächige Farbgestaltung wie auf impressionistischen Gemälden, oftmals in nur wenigen Schattierungen. Berühmt geworden sind ihre Pflanzungen in den Farbtönen, die sie auf ihren Reisen rund ums Mittelmeer kennen- und lieben gelernt hat – so entstehen Kompositionen aus Scheinsalbei und Katzenminze, Wollziest und Lavendel.

Seit 1878 lebt Gertrude Jekyll mit ihrer verwitweten Mutter im Familiensitz Munstead House in der südenglischen Grafschaft Surrey. Als die beiden eigenwilligen Damen etwas Abstand voneinander brauchen, erwirbt Jekyll ein Grundstück gegenüber dem Elternhaus. Sie nennt es Munstead Wood, beginnt mit der Gartengestaltung und sucht einen Architekten für ein passendes Haus. Bei einer Teegesellschaft Ende der Achtzigerjahre lernt sie Edwin Lutyens kennen. Sie ist Mitte 40, eine gesetzte Dame und etablierte Künstlerin, er 19 Jahre alt, ein hochbegabter, ehrgeiziger Architekt. Sie ist bezaubert von seinem Witz und seinen Schmeicheleien. Er begreift, dass diese ebenso anspruchsvolle wie vermögende Kundin seine Ideen als Architekt nicht nur fördern, sondern auch bereichern kann. Ein kongeniales Duo hat sich hier gefunden: Er wird die Häuser bauen, sie die Gärten dazu entwerfen.

In Munstead Wood bricht sie erstmals mit dem Gebot, die Rabatten auf einen farblichen, gewissermaßen explosiven Höhepunkt im Hochsommer hin anzulegen. Stattdessen erprobt sie eine jahreszeitliche Staffelung im Raum. Nahe am Haus, vom Fenster aus sichtbar, pflanzt sie die Winterblüher: Zaubernuss und Winterlinge, Christrosen und Schneeglöckchen. Dahinter steckt sie Hunderte Frühblüherzwiebeln: Hyazinthen, Märzenbecher, Krokusse, Narzissen und vor allem Tulpen. Im Zentrum des Gartens breitet sich dann die sommerliche Blütenfülle aus, mit Frauenmantel, Rittersporn und – natürlich – Rosen über Rosen. Und am äußeren Rand, einem fernen Glühen gleich, stehen die Herbstblumen: Dahlien, Chrysanthemen und Astern.

Munstead Wood ist das geglückte Gesellenstück für das Gespann Lutyens und Jekyll und wird innerhalb kürzester Zeit zum Wallfahrtsort für Gartenenthusiasten. Von 1888 bis zum Ausbruch des Ersten Weltkrieges setzt das ungleiche Paar mehr als 100 Projekte um. Ihre Kundschaft rekrutiert sich bald aus Kreisen, die sich einen kostspieligen Ge-

Gertrude Jekyll im Alter von 80 Jahren bei einem Spaziergang durch ihren Garten in Munstead Wood.

schmack leisten können. Doch immer wieder unterlaufen Jekyll und Lutyens die Erwartungen ihrer standesbewussten und luxusverwöhnten Auftraggeber. Zu einer Zeit, als der Historismus groteske Blüten treibt, propagieren sie als Ideal die ländliche Architektur mit entsprechenden Bauerngärten. Lutyens baut Häuser aus heimischem Stein und mit traditionellen Handwerkstechniken. Haus und Garten sind als Einheit angelegt: Architektonische Elemente des Hauses werden in der Gartengestaltung wieder aufgenommen. Gertrude Jekyll ordnet weich fließende Arrangements, mit denen sie die formale Strenge der Mauern und Parterres von Edwin Lutyens auflöst. Der neue natürliche Stil definierte den »englischen Bauerngarten« bis in die Gegenwart.

Architektur und Gartenkunst der beiden waren Teil der »Arts and Crafts«-Bewegung. In ihr vereinten sich Künstler und Philosophen, Industrielle und Sozialreformer, die auf die Industrialisierung Englands reagierten: auf die Verwüstung ganzer Landstriche, auf die wachsende Zahl von Fabriken und die erbärmlichen Wohnverhältnisse des Proletariats, aber auch auf die schlechte Qualität industrieller Massenprodukte. Ihr Gegenkonzept: künstlerische Entwürfe, die sich auf traditionelle Formen bezogen. Sie verwendeten alte Handwerkstechniken und einheimische Materialien. Das Landleben, die bescheidenen Cottages mit ihren farbenfrohen Bauerngärten wurden für die wohlmeinenden Ästheten der Oberschicht zum Inbegriff des schönen, einfachen Lebens. Auch für Gertrude Jekyll war die englische Countryside ein Ideal, das Paradies ihrer Kindheit. Alles was ihr von dorther vertraut war, floss nun in ihre Arbeit mit ein: das Licht und die Farben, vor allem aber die Pflanzen, die im milden Klima von Surrey zu Hause sind.

In jenen Jahren galt es als ein Zeichen von gutem Geschmack, in seinem Garten möglichst vielfältige und möglichst exotische Pflanzen zu versammeln. Man muss sich vergegenwärtigen, dass Dahlien oder Malven, Akelei und Lupinen damals als vulgär verschrien waren, um ermessen zu können, wie revolutionär die neue Gartenauffassung von Gertrude Jekyll vor 100 Jahren war. Sie liebte die Waldwiesen mit ihren weiten Flächen verwilderter Schneeglöckchen und Narzissen, und sie liebte die Cottage-Gärten, wo das Nützliche einträchtig neben dem Schönen steht, Blumen und Stauden zwischen Salat und Gemüse, Kräutern und Arzneipflanzen. Dazu gehören Streuobstwiesen, Haselnusshecken und Beerensträucher. Ja, Gertrude Jekyll ging noch weiter: Sie dachte über reine Nutzgärten nach, die ihren eigenen ästhetischen Wert besitzen, »ausschließlich mit Pflanzen aus dem Küchengarten ..., die den Raum im Handumdrehen mit wunderbaren Blüten füllen würden«, mit Kürbissen und

Sir William Nicholson malte 1920 die Stiefel von Gertrude Jekyll. Sichtlich bequem und oft repariert, sprechen sie von der praktischen Veranlagung und der Sparsamkeit der Gärtnerin. Das Bild hängt in der Tate Gallery, London, die Stiefel stehen im Guilford Museum, Surrey.

Bohnen als Kletterpflanzen und einer Grundierung aus blaublättrigen Artischocken. »Rettich würde nette Akzente aus grünen Büscheln setzen, und Rhabarber ist ohnehin eine der dekorativsten großblättrigen Pflanzen, die wir haben.«

Ihren Kunden wäre derlei damals wohl doch zu weit gegangen. Ohnehin beklagte Gertrude Jekyll oftmals deren Eigensinn, immer wieder musste sie die Rollenverteilung klären: »Die Leute kaufen irgendwelche Sträucher und Blumen, die ihnen gefallen, und dann fragen sie mich, wo sie sie hinpflanzen sollen. Doch da kann ich nur sagen, dass ich so nicht helfen kann.« Einen »leeren Garten« wolle sie sehen – um dann selbst zu entscheiden, was gekauft und »was wohin gepflanzt wird«.

Mit den Jahren wurde sie zunehmend unwirsch und herablassend, sodass sich kaum noch Besucher nach Munstead Wood wagten. Nur Edwin Lutyens durfte sie mit ihrer Unfreundlichkeit aufziehen; seine Kinder nannten sie gar respektlos »Aunt Bumbs«, ein lautmalerisches Wortspiel, was ungefähr »die poltrige Tante« bedeutet. Sie ging kaum noch aus dem Haus und fertigte ihre Pflanzpläne am Reißbrett an – insgesamt über 350 oftmals große Anlagen, manchmal aber auch nur ein Rondell oder einfache Vorgärten. Kein Auftrag war ihr zu gering. Als ein Lehrling aus Nordengland sie bat, ihr bei der Bepflanzung seines Blumenkastens zu helfen, schickte sie ihm postwendend einen Plan für eine Alpinumbepflanzung nebst einigen Blumenzwiebeln.

Eine ungewöhnliche Anfrage erreichte sie 1924 aus dem Königshaus, als sie und Lutyens, beide inzwischen international bekannt, gebeten wurden, für Prinzessin Mary ein Puppenhaus nebst Garten zu entwerfen. Ein Garten aus Pappmaschee, Kupferdraht und Glas? Für Jekyll im Grunde ein Gräuel. Doch hier ganz ergebene Untertanin, kam sie der Bitte nach.

Gertrude Jekyll etablierte nicht nur ein ganz neues Verständnis davon, wie ein schöner Garten auszusehen hat. Sie pries auch immer wieder in poetischen Worten die Freuden des Gärtnerns, das ihr nicht nur ein Handwerk und die Bühne ihres Gestaltungsdrangs war, sondern ein fast spirituelles Erlebnis: »Ein Garten ist ein wunderbarer Lehrer. Er lehrt Geduld und die Gabe zu warten, er lehrt Fleiß und Sparsamkeit, aber vor allem lehrt er grenzenloses Vertrauen.«

*»Der einzige Weg, etwas zu lernen, besteht darin,
die gerade anstehende Arbeit zu machen.«*

Beatrix Havergal

Die Lehrerinnen

Beatrix Havergal, die Gründerin der Waterperry School for Lady Gardeners, trug eine nicht gerade modische, dafür aber praktische Uniform aus Hängekleid, Kniestrümpfen und schweren Arbeitsschuhen.

Sir William Thistleton Dyer, Leiter des Königlichen Botanischen Gartens in Kew, hatte wirklich alles versucht, um diesen Kelch an sich vorübergehen zu lassen. Dann aber, 1896, war alles Sträuben zwecklos: Mit wachsendem Zulauf der Gartenbauschule für Mädchen in Swanley konnte auch er nicht umhin, in seiner ehrwürdigen Institution die ersten Frauen anzustellen. Damit sie im Heer der Gärtner möglichst unauffällig blieben, waren sie verpflichtet, ihr Haar unter einer Mütze zu verbergen und Anzüge nebst Knickerbocker wie die Männer zu tragen. Doch damit war die Sensation erst recht perfekt. Bald pfiffen es die Spatzen von den Dächern:

»Auf Kew also gleich ganz London fuhr zu,
um droben vom Bus das Spektakel zu schauen
im Garten von Kew der Pumphosen-Frauen.«

Die Schule in Swanley hatte ihre Pforten da schon seit fünf Jahren geöffnet. Die Studentinnen waren eine bunt gemischte Schar aus naturverliebten Aristokratentöchtern und frisch Geschiedenen auf der Suche nach Unabhängigkeit. In jedem Jahrgang trennte sich schnell die Spreu vom Weizen, denn der Arbeitsalltag war hart: Im Gewächshaus und auf den Feldern wurde hier binnen drei Jahren alles gelehrt, was zum Gärtnerhandwerk gehört. Auf dem Lehrplan standen Botanik und Methoden der Pflanzenzucht, aber auch Landschaftsgestaltung und Gartenarchitektur. Nachdem Frauen jahrhundertelang auf Selbststudium und mündlichen Erfahrungsaustausch angewiesen waren, erhielten sie hier zum ersten Mal eine professionelle Ausbildung.

Schon bald genoss die Anstalt einen hervorragenden Ruf, zerstreuten doch die Absolventinnen die herrschenden Vorurteile gegenüber weiblichen Gärtnern und Gartengestaltern. Sie arbeiteten in wohlhabenden Privathaushalten oder in öffentlichen Einrichtungen wie eben dem Königlichen Botanischen Garten. Dort allerdings wurde von ihnen erwartet, dass sie mit ihrem Beruf gleichsam die Ehe eingingen. Als eine von ihnen – sie galt als besonders fleißig – dem Direktor ihre Verlobung bekannt gab, musste sie ihre Tätigkeit aufgeben.

Im liberalen Amerika gab es schon seit 1870 eine Gärtnerausbildung für Mädchen. In England war dies erregt zur Kenntnis genommen worden; mit einer großen Portion Scheinheiligkeit und beachtlichem Standesdünkel ereiferte man sich hier: »Würden Sie Ladys zum Pflügen und Aufladen und Wegkarren von Mist einsetzen? Ich würde es nicht

Die Schülerinnen der Glynde School for Lady Gardeners beim praktischen Unterricht in einem Wickenfeld, ganz züchtig mit Hut, Krawatte und langem Rock.

tun, wie ich sie ebensowenig Fußböden schrubben oder ihre Tage am Waschtrog zubringen lassen würde ...« Doch die Industrialisierung hatte eine breite Mittelschicht geschaffen, die keineswegs reich genug war, um sich allein dem Müßiggang hingeben zu können. Immer mehr Frauen auch aus dem Bürgertum wollten oder mussten sich mit ihrer Hände Arbeit ernähren. Ob dies nun als unschicklich galt, sollte nicht zur Debatte stehen.

Die Frauenrechtlerinnen nahmen sich der Sache an – meist waren es kämpferische Damen aus der Oberschicht. Eine der vielen schillernden Gestalten in ihren Reihen war die Gräfin von Warwick, eine Feministin mit einem Ruf wie Donnerhall – und eine berühmte Schönheit. Als ein Mitglied des Hochadels pflegte sie ein undurchsichtiges und daher viel beachtetes Verhältnis zum Prinzen von Wales. Ihre Unabhängigkeit von den moralischen Normen der Zeit wurde nur übertroffen durch die Entschlossenheit, mit der sie sich für die Ausbildung von Mädchen einsetzte. 1898 gründete sie das Studley College in Warwick, eine selbst nach heutigen Maßstäben anspruchsvolle Lehranstalt. Etwa 100 Mädchen pro Jahrgang wurden hier nicht nur im Gartenbau unterrichtet, sondern auch in Milchwirtschaft, Geflügel- und Bienenzucht. Es gab Laboratorien und Gewächshäuser, und im Laufe der Jahre verwandelten die Schülerinnen ein abgewirtschaftetes Landgut nebst Schloss und angrenzenden Feldern in ein florierendes Unternehmen.

Die Gräfin sorgte auch selbst dafür, dass sie ein Auskommen fanden: In einer Zeitschrift, die sie unterhielt – ein Forum für die Ideen der Emanzipationsbewegung – wurden eigens Stellenanzeigen zu diesem Zweck geschaltet, übrigens auch für die britischen Kolonien in Übersee. Und so war es kein Wunder, dass Kolonialpolitiker Cecil Rhodes ebenso zu den Förderern zählte wie das Landwirtschaftsamt. Es wird sogar von manch stiller Spende aus dem Königshaus berichtet.

Nach der Jahrhundertwende begann der Kampf um die Chancengleichheit erste Früchte zu tragen: Bis zum Kriegsausbruch 1914 entstanden in Großbritannien gut zwei Dutzend weiterer Gartenbau-

schulen für Mädchen. Die bekannteste war die der Lady Frances Wolesley in Glynde. Die energische Tochter eines Feldmarschalls wusste, dass zu erfolgreicher Arbeit vor allem Selbstvertrauen und Pflichtgefühl gehören. Bezeichnenderweise führte sie ihre Schule wie ein Bataillon: Die Damen trugen Uniform, es herrschte strengste Disziplin. Was auch erforderlich war: Die Ausbildung in Mädchenschulen war – meist aus Geldmangel – auf zwei, höchstens drei Jahre begrenzt, während man sich in den Knabenschulen für denselben Stoffumfang in der Regel vier Jahre Zeit nahm.

Doch der Drill zahlte sich aus. Nicht selten wurden die Gärtnerinnen von Glynde noch vor dem Abschluss engagiert, wobei Frances Wolesley – damals keineswegs selbstverständlich – für eine faire Bezahlung warb. Gefördert wurde die Lehranstalt übrigens auch von Gertrude Jekyll, die Absolventinnen an ihre noble Kundschaft vermittelte.

Im Unterschied zur Gräfin von Warwick war Lady Frances Wolesley eine Praktikerin. Sie leitete nicht nur den Schulbetrieb, sondern unterrichtete auch selbst. Schon als junges Mädchen war sie dem Gartenbau-Visionär William Robinson begegnet, von dem sie die Prinzipien eines neuen Naturalismus in die Gartengestaltung übernahm. Nachdem sie sich zur Ruhe gesetzt hatte, begann sie Bücher zu schreiben, über das Ausbildungssystem in Glynde, über ihre Reformvorstellungen in der Landwirtschaft und schließlich, 1919, das Standardwerk »Gardens, their form and design«. Hier hat sie ihr Credo formuliert: Bei allem Augenmerk auf die praktische Seite seines Berufes solle der Gärtner immer auch einem idealen, einem künstlerischen Anspruch folgen. Ähnlich der Musik sei die Gartengestaltung »eine der sensibelsten Künste«, und der Mensch komme beim Gärtnern »so nahe wie möglich dem göttlichen Schaffen«.

Beatrix Havergal und ihre Schülerinnen Sybille Kreutzberger und Pamela Schwerdt, die nach dem Tode Vita Sackville-Wests die Anlage von Sissinghurst in deren Sinne erhielten und weiterentwickelten.

BEATRIX JONES FARRAND
1872 – 1959

*»Wenn Du willst, daß Dir die Leute
Geld für Deine Arbeit geben,
mußt Du sie so professionell wie möglich machen.«*

Beatrix Jones Farrand

In der Silvesterausgabe 1899 erschien in der »New York Times« unter der Überschrift »Ein weiblicher Landschaftsgärtner« ein umfangreicher Artikel über eine Miss Beatrix Jones. Die hatte soeben – gemeinsam mit zehn Männern – die »Amerikanische Gesellschaft der Landschaftsarchitekten« gegründet: »Miss Jones ist durch Talent und harte Studien eine der Besten ihres Fachs und dabei gerade einmal 27 Jahre alt!«

So viel Professionalität bei einer Frau? Manchen Zeitgenossen erschien das unglaubwürdig, und so war das Gerücht entstanden, die Dame verstehe vielleicht etwas von Botanik, ansonsten aber lasse sie andere für sich arbeiten. Der Korrespondent der »New York Times« war dem Gerede nachgegangen und hatte herausgefunden, dass alles mit rechten Dingen zuging: Bei dem Entwurf für Mr. Scott im Ferienort Bar Harbor etwa habe die junge Frau höchstselbst das Grundstück vermessen, die Entwässerung geplant und mit dem Architekten das Gesamtkonzept für Haus und Garten besprochen. Besonders beeindruckt zeigte sich der Autor davon, dass sie bei Wind und Wetter auf der Baustelle unterwegs sei und dort einen Trupp von annähernd 80 Männern befehlige. Dieser Ausbund an Vielseitigkeit und Tatkraft war, wie sie selbst sagte, das Produkt von fünf Generationen engagierter Gartenliebhaber. Der Großmutter von Beatrix Jones gehörten die ersten Spalierobstgärten an der Ostküste. Und die Enkelin hat laut Familienlegende schon als Kind auf dem Sommersitz der wohlhabenden Dynastie in Bar Harbor Pflanzen gepresst und Käfer fotografiert. Mit 20 wird sie von Charles Sprague Sargent, einem berühmten Botanikprofessor, nach Harvard eingeladen. Da es zu dieser Zeit noch kein Studium der Landschaftsarchitektur gibt, muss sie sich die wichtigen Fächer selbst zusammenstellen. Sie belegt bei ihm Botanik und Gartengestaltung, lernt dann an der Columbia School of Mines perspektivisches Zeichnen, Vermessung und Wegebau. Sargent schickt sie nach Europa, sie soll »alle Künste studieren, denn alle Künste sind miteinander verwandt«. Sie besucht Gemäldegalerien und öffentliche Parks. In England ist sie begeistert von den perfekten kleinen Privatgärten, in Frankreich und Italien schult sie ihren Blick an den Überresten von Parkanlagen aus dem 16. und 17. Jahrhundert. Sie fotografiert, befasst sich mit alten Plänen – und hat am Ende der Reise über 150 Gärten gesehen. Vermutlich ist sie die einzige Frau ihrer Generation, die derart zielstrebig und umsichtig auf den Beruf der Gartengestalterin hinarbeitet.

In Dumbarton Oaks, wo die Bibliothek und die hochkarätige Kunstsammlung von Mildred und Harold Bliss zu Studienzwecken zugänglich sind, wird heute auch zur Geschichte der Gartenarchitektur und Landschaftsgestaltung geforscht.

Mit 24 Jahren fühlt sie sich bestens gewappnet. Im Erdgeschoss des New Yorker Stadthauses ihrer Mutter richtet sie ein Büro ein. An den Wänden hängen ihre Fotografien. Sie hält Kataloge der berühmtesten Pflanzenzüchter bereit, bezieht Blumenzwiebeln aus Holland, Terrakottavasen und Skulpturen aus Italien. Die ersten Kunden sind Freunde der Familie aus der New Yorker Upperclass. Sie wird die Gärten der Rockefeller und Morgan, der Roosevelt und Harkness entwerfen – und heiratet den berühmten Historiker Max Farrand. Auf dem Höhepunkt ihrer Karriere hat sie drei Büros: in New York, Connecticut und Maine. Sie erhält prestigeträchtige Aufträge, gestaltet den östlichen Garten des Weißen Hauses, die Anlage der Morgan Bibliothek in New York oder den Botanischen Garten von Santa Barbara in Kalifornien. Ihr Meisterstück aber ist Dumbarton Oaks.

In diesem Haus im Washingtoner Stadtteil Georgetown sollte 1944 Geschichte geschrieben werden: Auf der »Konferenz von Dumbarton Oaks« wurde die Basis für die Gründung der Vereinten Nationen gelegt. Doch 1920, als Beatrix Jones Farrand hier ihre Arbeit begann, war Dumbarton Oaks, Wohnsitz von Robert und Mildred Bliss, noch ein stilles Landhaus. Rings um das Anwesen erstreckten sich elf Hektar ehemaliges Farmland, ein unübersichtliches Terrain: abschüssiges Gelände, von kleineren Tälern gefurcht, mit sich überschneidenden Perspektiven – nicht gerade der Traum eines Landschaftsarchitekten.

Niemals, so Mildred Bliss über die Freundin, habe Beatrix das Land einem Konzept unterworfen. »Sie sah auf das Licht und die Schatten, lauschte dem Wind und folgte dem Lauf der Täler.« Auf ihrer Visitenkarte stand es kurz und bündig – sie nannte sich »Landschaftsgärtnerin«, nicht »-architektin«, wie sonst in ihrer Zunft üblich. Ihr Hauptgestaltungsmittel waren immer die Pflanzen. Sie arbeitete mit der Wirkung ihrer äußeren Gestalt. Besonders liebte sie Bäume in Trauerformen, die weiche Konturen ergeben, sanfte Übergänge ermöglichen und Höhenunterschiede ausgleichen. Zwar griff auch sie auf bewährte formale Gestaltungselemente wie Terrassen und Brücken, Treppen und Brunnen zurück, ihr Markenzeichen aber sind unverwechselbare poetische Einfälle.

So gibt es zum Beispiel in Dumbarton Oaks einen Forsythiengarten, von Mildred Bliss als »ein wogendes Meer« bezeichnet, »das sich über zwei in Gold getauchte Hänge ergießt«. Am östlichen Parkrand liegt der »Lovers lane pool«: In einem kleinen Seitental, fast nur einer Bodensenke, schwingt sich wie in einem römischen Amphitheater ein Halbrund von Steinbänken – kaum 50 Besucher hätten hier Platz. Doch wo sonst in der Mitte die Spielfläche des Theaters liegt, ist hier ein ovaler Teich in Stein gefasst, überschattet von einer Buche. Von dort aus führt ein ehemaliger Saumpfad, von Baumkronen überdacht, hangabwärts. Er heißt nach einer Märchengestalt »Melisande's Alley«, und märchenhaft sieht er tatsächlich besonders im Frühjahr aus, wenn ein Teppich aus Scilla, Krokussen und Narzissen blüht. An dessen Ende liegt das spektakulärste Gestaltungselement von Dumbarton Oaks, eine wahre Pflanzenskulptur: »Die Ellipse« – eine Doppelreihe Weißbuchen, im Oval gepflanzt, mit einem Brunnen im Zentrum. Bis auf Mannshöhe sind alle Zweige abgeschnitten, und erst über diesen nackten Stelzbeinen sind die Bäume zu einer kastenförmigen Hecke gestutzt.

Im Gegensatz zu ihrem großen Vorbild Gertrude Jekyll hat Beatrix Jones Farrand ihre Gärten nicht nur am Reißbrett entworfen. Auch an Ausführung und Fortbestand nahm sie Anteil, besuchte die Anlagen über Jahre hinweg und hinterließ genaue

Die um 1810 erbaute Orangerie von Dumbarton Oaks beherbergt im Winter die Exoten. Das Gebäude ist von einer einzigen Pflanze fast völlig überwuchert, einem Kletterficus, der über 150 Jahre alt sein soll.

Pflanz- und Pflegeanleitungen, die bis heute verwendet werden. So beispielsweise für den Campus der Universität Princeton: Wenn sich die Studenten noch immer unter den kathedralengleichen Eiben geborgen fühlen, wenn der Duft des Blauregens von den Mauern des Graduiertenkollegs herüberweht und sie ihren Geist im Angesicht der allgegenwärtigen Blütenpracht auslüften können, haben sie das Beatrix Farrand zu verdanken. Sie hat einen Ort kreiert, der Bestandteil der ästhetischen Erziehung junger Menschen sein sollte, ein lebendes Kunstwerk. In der Nähe der Universitätskapelle von Princeton steht, der Gärtnerin zu Ehren, eine efeubewachsene Bank mit der Inschrift: »Ihre Liebe zur Schönheit ist in allem sichtbar, was sie gepflanzt hat – uns zum Entzücken.«

BETH CHATTO
*1923

»Gärtnern ist keine Frage von
Renommee oder Reichtum,
Gärtnern ist ein Lebensstil.«

Beth Chatto

East Anglia ist die einzige Gegend Englands, die das Gärtnern nicht begünstigt. Rings um Colchester lässt der Regen im Sommer manchmal wochenlang auf sich warten, die stetigen Ostwinde trocknen die Erde aus. Spätestens im August bieten die Gärten einen traurigen Anblick: vergilbtes Gras, kümmerliche Blumen; manchmal ist es so trocken, dass selbst Unkraut nicht mehr gedeiht.

Ausgerechnet hier, in Elmstead Market, hat Beth Chatto einen der berühmtesten Gärten Englands geschaffen. Was ihr Anfang der Sechzigerjahre zur Verfügung stand, waren nichts als ein paar Tausend Quadratmeter Ödland in Form einer großen flachen Senke – ein verwildertes, nutzloses Loch in der Obstfarm ihres Mannes Andrew. Hier wollte sich das Paar ein neues Wohnhaus bauen. Die Anfänge waren ernüchternd: Nach Entfernung von allerhand Gestrüpp – Brombeerranken, Farnkraut und Brennnesseln – sei nichts als »staubiger, ausgemergelter Boden« zum Vorschein gekommen, so sollte Beth Chatto später berichten.

Die Eiszeit hat in diesem Landstrich eine mächtige Sedimentschicht hinterlassen – bis in eine Tiefe von sieben, acht Metern liegen nur Steine und Sand. Ein solcher Boden in trockenem Klima ist der Albtraum jedes Gärtners. Immerhin standen auf dem Gelände zwei stattliche 300-jährige Eichen, und im Talgrund gab es eine sprudelnde Quelle. Zwar war die Niederung dadurch ein einziger Morast aus Schlick, Lehm und Schluff, andererseits hätte eine solche Wasserreserve jede Art von Begrünung ermöglicht.

Doch die Chattos entschieden sich anders. Andrew hatte sich neben seinem Obstbaubetrieb schon seit Jahren mit der Frage beschäftigt, unter welchen Bedingungen die Pflanzen, die jeweils in Gärten verwendet werden, in ihrem natürlichen Umfeld wachsen – wo genau welche Arten stehen und wie sie gepflegt werden müssten, um sich optimal zu entfalten, Überlegungen, die er und Beth nun auch in Elmstead Market anstellten. Sie brachte es auf den Punkt: »Pflanzen sind wie Menschen. Sie wollen nicht eingeordnet werden am erstbesten Platz, sie wollen ihre Ansprüche befriedigt sehen.« Und so suchten die beiden gezielt nach Pflanzen, die sich in ihrem Garten auch ohne künstliche Bewässerung wohlfühlen würden.

Eine Dreiteilung des Terrains lag praktisch auf der Hand: in den oberen Trockengarten, den ebenfalls trockenen Waldgarten und den Wassergarten im Talgrund. Aus dem Morast wurden fünf verschieden große Teiche angelegt, unterteilt durch gras-

rechts: Der üppige Wassergarten von Beth Chatto – vor 40 Jahren waren hier nur ein paar faulige Tümpel.
unten: Doch das eigentliche Wunder der Anlage ist der Kiesgarten. Hier gedeihen auf dem heißen Kiesboden Trockenpflanzen in geradezu unwirklicher Farbenpracht.

bewachsene Dämme. Sanftes Grün dominiert hier, große Gräser, Astilben, Hemerocallis und Gunnera. Gewaltige Mammutblätter, die sich erst in Kopfhöhe entfalten, spiegeln sich im schwarzen Wasser.

Auch der Waldgarten überrascht durch seine Vielfalt. Bäume und Sträucher bilden einen schützenden Lebensraum für schattenliebende Pflanzen. Der erste Baum, den Beth Chatto pflanzte, war eine Weide am Ufer des Teiches. Und wirklich ist hier ein regelrechter Wald entstanden – aus Magnolien und Sumpfzypressen, Birken und Rhododendren. Im trockenen Schatten wurde der Sand mit Schotter vermischt, um so die Wasserspeicherung des Bodens zu verbessern. Dort wachsen Cyclamen, Farne, alle Arten von Funkien, prächtiges Polygonum, Geißblatt und vieles mehr – durchweg Pflanzen, die die ruhige Atmosphäre nicht durch leuchtende Farben stören.

Unmittelbar am Haus wurde ein Refugium für Trockenpflanzen angelegt. Vor einer Kulisse aus Artischocken und Eselsdisteln, Beifuß und Zierlauch breiten sich alle erdenklichen Sedum-Arten, Dachwurz, Walzenwolfsmilch und vor allem die Graublättrigen vom Mittelmeer: Lavendel, Salvia und Thymian. »Als Erstes muss man sich von seiner Vorliebe für Blüten trennen und bekommt dann heraus, wie viele erstaunliche Blattvariationen in Farben, Texturen und Formen es gibt. Wenn Sie mit Laubwerk gestalten, folgen die Blüten von ganz allein.«

Beth Chatto hat in Elmstead Market nicht nur aus der Not eine Tugend gemacht. Die Vorliebe für »grüne Blumen«, für Gräser und Blattformen hat bei ihr eine lange Geschichte. Schon als junge Frau, lange bevor sie den großen Garten anzulegen begann, hatte sie sich einen Namen mit Blumenarrangements gemacht. Im entbehrungsreichen Leben der Nachkriegszeit konnte die gelernte Lehrerin und Mutter von zwei Töchtern auf diese Weise das Nützliche mit dem Kreativen verbinden. Ihre Sträuße, Trockengestecke und die für England so typischen Duftpotpourris aus dem eigenen Garten erregten großes Aufsehen, weil sie eben nicht die üblichen farbigen Sommerblumen verwendete, sondern Euphorbien, Funkien und Gräser.

Der Weg zum Ruhm führt in Großbritannien über die großen Blumenschauen – allen voran die berühmte Chelsea Flower Show. Elfmal hat Beth Chatto daran teilgenommen, davon zehnmal mit Auszeichnung. Immer wieder überraschte sie hier mit Arrangements aus unscheinbaren Alltagspflanzen, die so mancher im eigenen Garten als Unkraut ausmerzen würde. Die erste und ihr bis heute wichtigste Auszeichnung aber bekam sie 1975 bei der Blumenschau der Royal Horticultural Society: Die

Für eine Porträtfotografie von Tessa Traeger posiert Beth Chatto im Sommer 2000 im Ruderkahn.

Silbermedaille für eine winterliche Komposition ganz in Grün aus Christrosen, Iris, Lungenkraut und Gräsern brachte ihr damals den Durchbruch.

Früh hatte Beth Chatto begonnen, auch selbst Pflanzen zu züchten, doch zunächst nur in kleinem Stil. Erst 1967, die Kinder waren erwachsen, die Obstfarm aufgegeben, gründete sie eine Staudengärtnerei mit Namen »Unusual Plants« – »Außergewöhnliche Pflanzen« also, die noch heute besteht. Auch für das englische Klima Exotisches wird hier gehegt und gepflegt, die Leidenschaft der Besitzerin aber gehört bis ins hohe Alter den einfachen, unspektakulären Stauden.

International berühmt geworden ist sie jedoch mit ihrem Kiesgarten. Es scheint, als hätte sie das Experiment auf die Spitze treiben wollen, noch den unwirtlichsten Ort zu begrünen – in diesem Fall den ehemaligen Parkplatz ihrer Gärtnerei. Angeblich kam nur ein einziges Mal ein Gartenschlauch zum Einsatz: als Probeabgrenzung für die neu angelegten Beete. Einen Steingarten im klassischen Sinn sucht man hier allerdings vergebens; die Anmutung ist eher die eines ausgetrockneten Flussbetts aus ockergrauem Kiessplitt, in dem blühende Inseln angeordnet sind.

Da die Temperaturen in dieser Gegend selten unter sechs Grad Celsius fallen, hat Beth Chatto auch auf exotische Pflanzen zurückgegriffen, die in Wüstengegenden oder an felsigen Mittelmeerhängen gedeihen. Sie sind zwar eine Attraktion für Besucher, aber der eigentümliche Reiz dieses Gartens besteht in dem, was die Pionierin aus den oft unterschätzten heimischen Pflanzen gemacht hat. Die Anlage ist ein Triumph der gärtnerischen Leidenschaft über eine unfreundliche Natur. Überm Kiesbett flimmert die Hitze, aber, wie selbstverständlich, blühen porzellanfarbene Christrosen, sehen wir marmorierte Blattstrukturen, Beete in sanftem Grau mit blutroten Akzenten und schlanken Iris, und dazwischen große Areale, die in gelben Blütenschleiern versinken.

Die schöne Widerspenstige

Eine Hommage an die Königin der Blumen

»Wenn Zeus den Blumen eine Königin geben wollte,
müßte die Rose diese Krone tragen.«

Sappho, 600 v. Chr.

Edel und dornig – die Rose als zeitloses Sinnbild

links: Ganz hingegeben ist diese junge Frau an den Duft und die Schönheit der Rose auf dem Gemälde »Die Seele der Rose« aus dem Jahr 1908 von John William Waterhouse.

Dass die Rose die Königin der Blumen sei, ist bis heute unbestritten. »Auge aller Blumen, Zierde der Erde« war sie nicht nur für die griechische Dichterin Sappho. In allen Epochen war ihr ein Ehrenplatz im Garten vorbehalten, und immer konnte sie sich der Aufmerksamkeit und Fürsorge von Gärtnern und Gärtnerinnen sicher sein. Wir wollen hier verweilen, der Rose ein eigenes Kapitel widmen und den Ursprüngen dieser besonderen Wertschätzung nachgehen.

Jahrhundertelang haben die Rosenzüchter – weit überwiegend Männer – ihren Züchtungen Frauennamen gegeben. Ihre Kreationen heißen »Ghislaine de Féligonde« und »Königin von Dänemark«, »Madame Knorr« und »Frau Dagmar Hastrupp« oder »Penelope« und »Circe«. Herrscherinnen und mythische Heldinnen sind hier verewigt, Damen der feinen Gesellschaft oder auch die Herzensdame des Rosenzüchters, seine Frau, seine Geliebte, seine Tochter. Und wo die Rose nicht einer bestimmten Frau gewidmet ist, assoziiert ihr Name weibliche Eleganz, Liebreiz oder Zärtlichkeit wie etwa bei »Ballerina«, »Schneewittchen« oder »Cuisse de Nymphe«.

Wenn man sich Blumen überhaupt nur weiblich vorstellen kann, bietet die Rose offenbar den größten Reichtum an Metaphern auf das weibliche Wesen oder das, was Männer dafür halten. Mancher, wie Rainer Maria Rilke, hat die Dornen der Rose poetisch fruchtbar gemacht (»Rose, oh reiner Widerspruch«), die Gefahr, sich beim Pflücken zu verletzen als Symbol für die Sprödigkeit, Gefährlichkeit oder Tücke der Frauen bemüht. Alle Epochen und Kulturen aber haben Schönheit und Duft der Rose mit Frauen verbunden, als Metapher, als Name, als Kompliment, als Synonym vergänglicher Schönheit, als Motiv in der bildenden Kunst, der Literatur und der Mythologie.

In der griechischen Mythologie überzieht die Tagverkünderin Eos den Himmel mit Morgenrot. Mit dieser Geste beendet sie die Herrschaft ihrer Schwester, der Mondgöttin Selene, und bahnt ihrem Bruder, dem Sonnengott Helios, den Weg. Bei Homer heißt Eos »Die Rosenfingrige«, da sie mit ihrem ersten Auftritt den Menschen die Rose gebracht hat, die den Griechen von Anbeginn als das Symbol der Liebe gilt. Als Aphrodite, die Göttin der Liebe, zum ersten Mal ihren Fuß auf die Erde setzt, erblüht ihr zu Ehren ein weißer Rosenstrauch. Homer erzählt, dass Aphrodite ihrem Gemahl untreu war und dieser aus Rache einen seiner Nebenbuhler erschlug. Auf dem Weg zu ihrem sterbenden Geliebten trat

Aphrodite in die Dornen der Rosen, und ihr Blut färbte die weißen Rosen rot. Fortan stand die weiße Rose für die Reinheit der Liebe, während Rot die Farbe der Begierde und der Leidenschaft wurde.

Auch die germanische Göttin der Liebe und Fruchtbarkeit, Odins Gemahlin Frigga, trägt eine Rose als Attribut ihrer Herrschaft: die Hundsrose »Rosa canina«. Am Niederrhein heißt sie heute noch »Friggas Dorn«. An den germanischen Kult- und Opferstätten wurden zu Ehren der Göttin Rosensträucher gepflanzt. Sie wurden zum Schauplatz zahlreicher Rituale, die sich auch unter dem Christentum noch jahrhundertelang erhalten haben. So gewährte Frigga Beistand bei Schwangerschaft und Geburt. Nach der glücklich überstandenen, gefahrvollen Entbindung vergruben Hebammen die Nachgeburt unter einem Rosenbusch. Und bis heute wird Rosenöl nicht nur als kostbare Substanz für Parfüm, sondern auch als Mittel gegen Frauenleiden angesehen. In dieser Dunkelzone zwischen Mythologie und Pflanzenkunde ist auch das Märchen vom Dornröschen angesiedelt. Die »Rosa canina« bringt nach dem Stich der Rosengallwespe den sogenannten Schlafapfel hervor. Diesen legte Odin der Sage nach unter das Haupt der Brunhilde, damit sie einschlief. Noch im Mittelalter führten ihn die Bader als Mittel gegen Schlaflosigkeit bei sich. Warum sollte dann nicht eine ganze Hecke von Rosen die kleine Prinzessin und ihren Hofstaat in einem hundertjährigen Schlaf halten?

Die christliche Ikonografie greift die Attribute der heidnischen Göttinnen auf und verleiht sie der Jungfrau Maria; im Mittelalter wird die Rose zum Sinnbild der Gottesmutter. Ihr wurde eine eigene Gartenform gewidmet, der »Hortus conclusus« – der von einer Mauer umgebene, geschlossene Garten. Nach den Worten aus dem Hohelied Salomo, »meine Schwester, du bist ein verschlossener Garten, eine verschlossene Quelle ...«, symbolisiert der Garten die Jungfrau selbst. Sie ist fruchtbar, doch ihre Fruchtbarkeit ist Gott vorbehalten. Sie ist der Quell, aus dem das Leben entspringt. Dieser Garten ist nur sparsam ausgestattet, etwa mit einer Rasenbank und einem Brunnen in der Mitte. Es gibt eine Blumenwiese und ringsum, an Gitterwerk aus Hasel- oder Weidenruten, die unverzichtbaren Rosenstöcke.

Der »Hortus conclusus« wurde auch »Paradiesgärtlein« genannt, denn die Rose, so glaubte man, wuchs ursprünglich nur im Paradies. Der Legende nach hatte Eva bei ihrer Vertreibung von dort heimlich eine Rose mitgenommen, die mit ihrem Duft und ihrer Schönheit einen Abglanz der paradiesischen Süße und Unschuld auf die Erde bringen sollte. Der antike Mythos von der liebenden Aphrodite klingt noch nach, wenn die rote Rose den irdischen Frauen zugedacht ist, ihrer sinnlichen und leidenschaftlichen Liebe. Die weiße, dornenlose Rose ist dagegen Maria vorbehalten, der jungfräulichen Mutter Gottes.

Auch in der weltlichen Literatur des Mittelalters ist die Rose das Zeichen der Liebe und der Sinnlichkeit wie im seinerzeit höchst populären »Roman de la rose« von Guillaume de Lorris und Jean de Meung aus dem 13. Jahrhundert. Er spielt in einem ummauerten Garten, dessen Besitzerin die Sinneslust ist. Amant, der Liebende, der Held der Geschichte, begegnet in diesem Garten einer jungen Dame in Gestalt einer Rose und verliebt sich unsterblich in sie. Von allegorischen Figuren wie der Furcht, der Eifersucht und der Verleumdung werden ihm zahlreiche Prüfungen auferlegt, ehe er seine Rosendame erringen kann. Am Ende erweist sich dieses Abenteuer, in dem der Held alle Licht- und Schattenseiten der Liebe und Leidenschaft erfährt, als ein Traum.

Die Geliebte in Gestalt der Rose – seit den Tagen des »Roman de la rose« wird dieses Motiv immer wieder aufgegriffen. William Morris fertigte diesen Wandteppich »Die Romanze der Rose« nach einem Entwurf von Edward Burne-Jones.

Das mittelalterliche »Paradiesgärtlein« war oft nur ein kleiner umfriedeter Platz, wie hier in der französischen Illustration zu Boccaccios »La Teseida« von 1460. Eine umlaufende Rasenbank lädt zum Verweilen ein, im Vordergrund wachsen Nelken, Akelei und Levkojen. Die unverzichtbare Rosenhecke schützt die junge Dame vor zudringlichen Blicken.

Schließlich ist die Rose auch ein mystisches Symbol. Entgegen einem geläufigen männlichen Vorurteil, die Verschwiegenheit von Frauen betreffend, verwendeten Geheimbünde aller Zeiten die Rose als Zeichen der Diskretion. Die Heckenrose, die sorgsam das Innere ihrer Knospe verbirgt, galt als Sinnbild der Abgeschlossenheit und des Geheimnisses. Schon die Pythagoreer hatten die fünfteilige Blütenanordnung der Rose nachempfunden und daraus das Pentagramm konstruiert, das Symbol für Geheimnis schlechthin. Über den Beratungstischen diverser Geheimbünde wurde eine weiße Rose aufgehängt – die Rosenkreuzer tragen sie sogar im Namen –, und die Verschwiegenheitsformel lautete: »Sub rosa dictum« (»unter der Rose gesprochen«), ein Motiv, das sich noch im Schnitzwerk von Beichtstühlen findet oder auch im Namen der Widerstandsgruppe der Geschwister Scholl.

Liebe und Betrug, Geheimnis und Verrat, Leiden, Askese und Reinheit und immer wieder Sinnlichkeit: Diese mythologischen und religiösen Zuschreibungen geraten wie die alten Legenden heute mehr und mehr in Vergessenheit. Doch ihre Spuren finden sich als Bodensatz überall in unserer kulturellen Überlieferung. Es ist kein Zufall, dass im Märchen Schneeweißchen die stille und zurückhaltende Schwester ist und Rosenrot die temperamentvolle, leidenschaftliche. Und bei Dornröschen steht der Kampf der unglückseligen Prinzen mit der Rosenhecke ohne Zweifel für deren Attacke auf die Unschuld der

Prinzessin. »Blumen brechen« ist seit langem Chiffre für den gewaltsamen Raub der Jungfernschaft – denken wir nur an Goethes Gedicht vom Heideröslein. Dieser Metaphorik ist sogar die Wissenschaft gefolgt, indem sie die Entjungferung als Defloration bezeichnete.

Ebenso selbstverständlich verwenden Volksmund und Volkspoesie die Rose als erotisches Symbol. Man sprach von der rosenblattkühlen, knospenhaft verschlossenen Zurückhaltung des Mädchens oder der Hingabe des voll erblühten Weibes. Die Viertel mittelalterlicher Städte, in denen die Freudenmädchen wohnten, hießen Rosenplan, Rosengasse oder Rosenwinkel. Schließlich bezeichnete man Freudenhäuser auch als Rosenbad und die Freier als Rosengässler.

Dass Blumen eine Sprache sprechen, dass ihre unterschiedliche Bedeutung quer durch die Gesellschaft verstanden wurde, zeigt ein kurioser Gerichtsprozess, der 1902 in Berlin stattfand: Eine Blumenhändlerin hatte als Hochzeitsbouquet statt der bestellten roten Rosen ein Gebinde Dahlien ausgeliefert. Die Braut war entsetzt, denn Dahlien stehen für Gefühlskälte. Sie wies den Strauß zurück und wollte ihr Geld wiederhaben. Das Gericht gab ihr mit der Begründung recht, eine Floristin müsse die Sprache der Blumen verstehen. Und in der Tat: Die Blumenhändlerinnen waren die Spezialistinnen für symbolgeladene Blumengeschenke. Im 19. Jahrhundert wurden die floralen Konventionen zu einer regelrechten Kunst erhoben. Narzissen bedeuteten Selbstsucht und Pfingstrosen Scham. Ein Strauß Heidekraut sollte Einsamkeit signalisieren und die Aloe gar Bitterkeit. Wer besonders subtile Signale aussenden wollte, musste auch auf die Farben der Blumen achten.

Die weiße Rose gehörte in die Vase vor eine Marienstatue. Doch wurde sie auch – um die Reinheit der Absichten und die erhaltene Jungfräulichkeit hervorzuheben – in einem üppigen Strauß zur Verlobung geschenkt. Jungen Mädchen, die gewissermaßen noch nicht erblüht sind, ist die Farbe Rosa vorbehalten. Die orangefarbene Rose beinhaltet die Frage, ob sich der Schenkende Hoffnung auf ein künftiges Glück machen könne. Ein Strauß gelber Rosen war so etwas wie ein Warnsignal, ein Zeichen von Misstrauen und Eifersucht. Die unerwiderte Liebe ist durch die dunkelste aller Rosen, die sogenannte schwarze Rose symbolisiert – wobei es die unglücklich Liebenden wenig getröstet haben wird, dass es gar keine schwarzen, sondern nur dunkelrote Blumen gibt.

Diese überaus komplexe Farbenlehre war ein unerschöpflicher Quell zärtlicher, auch erotischer Anspielungen und schrecklicher Missverständnisse – und veranlasste einen berühmten Botaniker der Royal Horticultural Society zu dem Stoßseufzer: »Wenn Sie genau verstanden werden wollen, schicken Sie keinesfalls Blumen.«

Dieser Wunsch wird sich nicht erfüllen. Es ist kein Zufall, dass gerade die »Alten Rosen« heute eine Renaissance erleben, denn sie verkörpern alles, was die Königin der Blumen zur idealen Liebesbotin macht: Die vollkommene Gestalt der Blüte und der Samt ihrer Blätter können als anspielungsreiches Kompliment auf den Körper der Geliebten gelten, der betörende Duft beschwört die Wollust einer Liebesnacht, und nicht zuletzt erinnern die Dornen daran, dass noch das größte Glück gefährdet ist.

folgende Doppelseite: Der römische Imperator Heliogabalus begräbt seine Gäste unter einem Regen von Rosenblättern. Diese Szene, 1888 gemalt von Sir Lawrence Alma-Tadema, wurde zum Inbegriff römischer Dekadenz.

JOSÉPHINE DE BEAUHARNAIS
1763 – 1814

»Sie beschäftigen sich mit Botanik?
Auch meine Frau betreibt sie!«

Napoléon Bonaparte an Alexander von Humboldt

Joséphine de Beauharnais

Der Maler Pierre Joseph Redouté hat von 1817 bis 1825 die Rosen von Kaiserin Joséphine in einer Sammlung von 170 farbigen Stichen verewigt, hier die »Rosa sulfurea«.

Wenn Kaiserin Joséphine ihre tägliche Morgenaudienz hielt, drängten sich Juweliere, Schneider und Putzmacherinnen im Vorzimmer und konnten immer gewiss sein, neue Aufträge zu bekommen. Joséphine war eine große Verschwenderin und strapazierte bedenkenlos nicht nur die Geldbörse ihres Gemahls Napoléon Bonaparte, sondern auch die Staatskasse, was allerdings in gewisser Weise ein und dasselbe war. Ihr Palast quoll über von schönen Dingen, die der umtriebige Gatte auf dem halben Erdkreis zusammengeraubt hatte: Vasen und Mosaiken, Statuen und Gemälde.

All dieser Luxus würde ihr wenig Nachruhm eingebracht haben, hätte sie ihre Verschwendungssucht nicht auch in ein Stück Land investiert und einen Park geschaffen, dessen einzigartige Schönheit ihr den ehrenvollen Titel »Rosenkaiserin« bescherte. »La Malmaison« war ein stattliches Anwesen aus dem 17. Jahrhundert vor den Toren von Paris. Als sie Haus und Park 1799 kaufte, war Joséphine seit drei Jahren mit dem korsischen General Napoléon Bonaparte verheiratet.

Der hatte sich auf einer Tanzgesellschaft in sie verliebt. Die »schöne Inderin« wurde sie genannt – die Zeitgenossen waren wohl in Geografie nicht ganz sattelfest, denn ihre Heimatinsel Martinique liegt in der Karibik. Die damals modernen hauchzarten Kleider, die mehr entblößten als verhüllten, brachten ihre elfengleiche Silhouette und den exotischen Teint zur Geltung. Der einzige Schönheitsfehler waren verdorbene Zähne; als Tochter eines Zuckerbarons hatte sie ihre Kindheit damit verbracht, Melasse zu löffeln – und die Haussklaven zu kommandieren.

Joséphines blendende Erscheinung war zu diesem Zeitpunkt ihr einziges Kapital, alles andere hatte sie während der Schreckensherrschaft der Jakobiner eingebüßt. Ihr erster Ehemann, der Vicomte Alexandre de Beauharnais, musste seinen Kopf unters Fallbeil legen, sie selbst war diesem Geschick nur knapp entgangen. Alle Güter waren konfisziert worden. Als Mätresse des einflussreichen Politikers Paul de Barras sah sie einer unsicheren Zukunft entgegen, denn der war ihrer längst überdrüssig geworden. Napoléon bot Barras an, die abgelegte Geliebte zu heiraten, und erhielt im Gegenzug das Kommando über eine ganze Armee. 36 Stunden nach der Trauung verließ Napoléon Paris, um nach Italien in den Krieg zu ziehen.

Was wie ein Kuhhandel aussah, war der Beginn einer Ehe, die beiden zum Vorteil gereichen sollte. Napoléon liebte Joséphine, schrieb ihr von den Schlachtfeldern Europas leidenschaftliche Briefe –

»Im Wintergarten von Malmaison«, Gemälde von Louis Garneray. In der Eingangshalle des Glaspalastes stand die Büste eines Fauns. Zur Stärkung der vom Rundgang erschöpften Gäste war eigens ein gläserner Salon erbaut worden, von dem aus man den Garten wie auch das Gewächshaus betrachten konnte.

und beglich ihre Rechnungen. Joséphine genoss das Ansehen der Aristokraten ebenso wie das der Revolutionäre und öffnete ihrem ehrgeizigen Gemahl manche Tür, die dem kleinen korsischen Landedelmann ansonsten verschlossen geblieben wäre. 1804 wurden Napoléon und Joséphine Kaiser und Kaiserin. Das Paar residierte fortan im Palais des Tuileries in Paris, am Wochenende aber war man in Malmaison ganz unter sich. Napoléons Sekretär Louis Bourienne schrieb über diese Zeit: »Nirgendwo außer auf dem Schlachtfeld habe ich Napoléon glücklicher gesehen als in Malmaison.«

Der ausgedehnte Park, die Obstwiesen und Stallungen versprachen ländliche Sommerfreuden und reiche Ernte im Herbst. Ein Bach, fast schon ein Flüsschen, plätscherte selbst bei größter Hitze und öffnete sich zu einem See mit zwei kleinen Inseln. Napoléon hielt an seinem Ufer sogar gelegentlich Kabinettssitzungen ab und brachte so nicht wenige seiner Minister in Verlegenheit. Talleyrand etwa notierte: »In Seidenhosen und Seidenstrümpfen auf dem Rasen sitzen! Können Sie sich das vorstellen? Ihm macht das natürlich nichts aus, er glaubt sich immer noch in einem Biwak.«

Die anspruchsvolle und kapriziöse Hausherrin beaufsichtigte unterdessen die Parkgestaltung. Nachdem sie binnen Kurzem mehrere Landschaftsarchitekten verschlissen hatte, fand sie in Louis-Martin Berthault einen ergebenen und fähigen Obergärtner. Sie wollte einen englischen Park, doch der sollte nicht nur die Nachbildung einer idealisierten Landschaft sein, sondern zugleich mit Sinnlichkeit, Romantik und einem Hauch Extravaganz aufgeladen werden. Berthault gruppierte also nicht nur Bäume, schaffte Sichtachsen und verteilte Statuen. Er staffierte die Szenerie verschwenderisch mit Farben und Düften aus. Überall floss Wasser, am Ufer wiegten sich graziöse Lilien vor düsteren Rhododendrenhecken. Auf dem Rasen galoppierten afrikanische Gazellen und peruanische Lamas, Strauße trabten mit federnden Schritten vorbei, und aus den Vogelbauern rings in der Höhe sang und krächzte und kreischte allerlei exotisches Federgetier.

In diesem sinnlichen Arrangement konnte Joséphine ihre Lieblingsblume, die Rose, in Szene setzen. Bis dahin waren Rosen vor allem auf dem Lande angebaut worden; in den königlichen Gärten des Barock hatte man die Natur gebändigt und verschnitten. Die buschige, wuchernde und kletternde Rose ließ sich nur schlecht in die akkuraten Parterres mit ihren Buchsornamenten, den Figuren und Hecken einpassen. Im Rokoko war der Garten zwar schon verspielter und intimer geworden, es gab Rosenlauben und -hecken. In Joséphines romantischem Paradies aber wurde die Rose zur Hauptdarstellerin.

Als Joséphine Malmaison erwarb, gab es in Europa schätzungsweise 30 bis 40 Rosensorten. Zu den schlichten fünfblättrigen europäischen Wildrosen hatten sich seit den Kreuzrittertagen andere Schönheiten gesellt: Aus dem Heiligen Land kam die »Rosa gallica«, die Apothekerrose, gefolgt von der »Rosa centifolia«, der Hundertblättrigen. Persien war die Heimat süß duftender Strauchrosen, und in Konstantinopel wuchsen gar »Rosen aus Gold«, die in Europa bis dahin unbekannten gelben Rosen. All diese Sorten kamen mit dem mitteleuropäischen Klima gut zurecht, doch sie hatten den entscheidenden Nachteil, dass sie nur einmal im Jahr blühten – und nur für kurze Zeit.

Aus dem fernen China brachten Reisende und Kaufleute dann die Kunde von einer Vielzahl Rosen, die das ganze Jahr über blühen

Die weißen Schwäne waren genauso Bestandteil der romantischen Inszenierung von Malmaison wie die Rhododendronbüsche und die Holzbrücke. Gemälde von Auguste Simon Garneray.

würden. Doch einfach ausgraben und mitnehmen konnten sie die Blumen nicht, denn der Kaiser von China ließ sich für seine botanischen Schätze einen hohen Preis bezahlen. Nur wenige Kauffahrer wagten diesen Einsatz, denn die Verluste auf der sechsmonatigen Heimreise in salziger Seeluft waren gewaltig. Die ersten Rosen, die heil aus dem Fernen Osten bis nach Europa gekommen waren, wurden »Les rosiers étalon« genannt, was sehr treffend »die Rosen-Zuchthengste« heißt. Die Erste brachte ein Schwede 1752 mit. Noch heute ist die Sorte als »Old blush« im Handel erhältlich, sie wurde die Stammpflanze der Bourbon-Rosen. Als Nächste kam 1792 die Bengalrose nach England, die sich als derart blühfreudig erwies, dass man sie »Semperflorens«, also Immerblüher nannte. Andere »Zuchthengste« wurden die Stammväter der Tee-Hybriden. Und plötzlich gab es eine wahre Explosion an neuen Züchtungen: Die empfindsamen asiatischen Rosen mit ihrem Farbreichtum und ihren langen Blühzeiten wurden mit den abgehärteten alten europäischen Sorten gekreuzt, und gleich im Dutzend entstanden jährlich neue Sorten. Joséphine bekam sie von den damals berühmten französischen Rosenzüchtern Vilmorin, Parmentier, Descemet, Ledru Rollin und Thouin. Am Ende blühten im Park von Malmaison über 250 Sorten, die größte Rosensammlung Europas. Die Hausherrin stand Pate bei Namensgebungen. Die Rose »Roxelande« zum Beispiel ist nach einem Fluss in der Nähe ihres Geburtsortes benannt. Ihre Sammelleidenschaft entfachte einen regelrechten Wettbewerb, der zur Gründung neuer Rosenschulen im Umland von Paris führte und Frankreich zur führenden Rosenzüchternation machte.

Doch für alle anderen Pflanzenneuheiten saßen die wichtigen Händler in England, wie etwa John Kennedy in Hammersmith bei London. Dessen Emissäre trieben jede Neuheit auf, die von den mächtigen Handelskompanien in den ausgedehnten Kolonien und auf den entlegensten Handelsplätzen eingesammelt worden war. Unpraktischerweise befand sich Frankreich in den Jahren, in denen Joséphine auf Pflanzenjagd war, nahezu permanent mit ganz Europa im Krieg. Die Kontinentalsperre verbot die Ein- und Ausfuhr von Waren aus England. Doch die Kaiserin war in dieser unruhigen Zeit wohl die einzige Frau in Europa, die über Mittel und Macht verfügte, derartige Hindernisse zu überwinden. Für Kennedy erwirkte sie eine Sondergenehmigung, seine kostbare Fracht höchstpersönlich ins Feindesland zu bringen. Diplomaten und Offiziere hatten Order, aus allen eroberten Gebieten Pflanzen zu senden. Allein aus

Die Darstellungskunst von Pierre Joseph Redouté beeindruckt noch heute: Sein Rosenstrauß in einer Kristallvase wirkt auf geradezu gespenstische Art lebendig.

den Gewächshäusern von Schloss Schönbrunn bei Wien wanderten 800 wertvolle exotische Pflanzen als Kriegsbeute nach Malmaison. Selbst gekaperte Schiffe wurden nach Stecklingen, Blumenzwiebeln und Sämereien durchsucht.

Als Joséphine mit dem Gärtnern begann, war sie eine launische Adelsdame mit einer diffusen Sehnsucht nach üppiger Blütenpracht. Innerhalb weniger Jahre eignete sie sich so viel Wissen an, dass sie reisenden Botanikern regelrechte Wunschlisten mitgeben konnte. Aimée Bonpland zum Beispiel, der 1808 ihr Chefbotaniker wurde, hatte bereits von seiner großen Lateinamerika-Expedition mit Alexander von Humboldt Sämereien nach Paris geschickt; aus den Anden brachte er ihr die »Rose des Montezuma« mit. Sie korrespondierte mit den Leitern botanischer Gärten aus aller Welt und legte – oft genug zum Ärger der Pariser Botanikprofessoren – bei der Verteilung von Expeditionsbeute den Finger auf jeden Posten. An der Peripherie von Malmaison entstand eine Baumschule, in der jede noch so exotische Pflanze auf ihren Gebrauch in der freien Natur getestet wurde.

Wie alle Sammler strebte auch Joséphine nach Vollständigkeit, doch eine mindestens ebenso starke Triebfeder ihrer Liebe zu Pflanzen dürfte das Heimweh gewesen sein. Sie hatte ihre karibische Heimat verlassen, als sie 15 Jahre alt war. »Schicken Sie mir alle Samen und Früchte von Amerika: Kartoffeln, Bananen, Orangen, Mangobäumchen, einfach alles, was Sie auftreiben können«, drängte sie 1802 ihre Mutter in einem Brief. In Malmaison gab sie ein riesiges Gewächshaus in Auftrag – 50 Meter lang und 19 Meter breit. Es wurde mit Kohleöfen beheizt und konnte bis zu fünf Meter hohe Pflanzen beherbergen. Hier wollte sie die üppige karibische Vegetation ihrer Kindheit nachgestalten, mit ihren betäubenden Düften, der Farbenpracht und der sanften feuchtwarmen Luft. Stolz zeigte sie ihren Gästen den Jasmin aus Martinique: »Er erinnert mich an meine Heimat, meine Kindheit und meinen Schmuck als junges Mädchen.« Mehr als 300 Pflanzen aus der Südsee, aus Lateinamerika und Südafrika gediehen hier erstmals auf europäischem Boden: Dahlien und gefüllte Pfingstrosen, Magnolien und Mimosen. Und inmitten ihrer grünen Schätze hatte die große Verschwenderin rare Momente der Selbsterkenntnis: »Wenn ich den Purpur des Kaktus studiere, fühle ich mich glücklicher, als wenn ich den ganzen Prunk betrachte, der mich sonst umgibt.«

ANNE VALLAYER-COSTER
1744–1818

»Ich wünschte mir, alle Mitglieder der Königlichen Akademie würden auf so hohem Niveau wie Mademoiselle Vallayer arbeiten.«

Denis Diderot

Anne Vallayer-Coster

Mit diesem »Blumenstrauß in einer blauen Porzellanvase« von 1782 schuf Anne Vallayer-Coster ihrer Lieblingsblume, der Rose, einen edlen und zugleich lebendigen Rahmen.

Als Anne Vallayer sich 1770 um Aufnahme in die Königliche Akademie Frankreichs bewarb, reichte sie als Probestück ihr Stillleben »Die Attribute der Musik« ein. Das Genrebild zeigt eine Ansammlung von Instrumenten: die Gambe mit dem blauen Seidenband am Griffbrett ist gegen das Notenpult gelehnt, davor liegen eine Violine, ein Dudelsack aus schwerem Brokatstoff und eine matt schimmernde Fanfare. Man könnte das Bild fotorealistisch nennen, wäre da nicht der Hauch von geisterhafter Präsenz, von Extravaganz und Sinnlichkeit – dies ist der Mehrwert, den nur ein Gemälde hervorbringen kann. Die Herren der Akademie konnten diesem Meisterwerk ihren Respekt nicht versagen. Obwohl sie als zänkisch und missgünstig bekannt waren, stimmten sie der Aufnahme der jungen Künstlerin in seltener Einmütigkeit zu.

Diesen furiosen Beginn und eine lange, glanzvolle Karriere verdankte Anne Vallayer der Offenheit und Kunstsinnigkeit ihrer Eltern. Der Vater, königlicher Hofjuwelier und Goldschmied, war trotz seiner angesehenen Stellung immer auf der Suche nach künstlerischen Anregungen und neuen Handwerkstechniken. So kam es, dass er gemeinsam mit seiner heranwachsenden Tochter in der königlichen Gobelinmanufaktur in die Lehre ging. Anne erwies sich als talentiert. Weitere Fertigkeiten lernte sie von ihrer Mutter, einer versierten Miniaturmalerin, und einer Patentante, die ihr Wissen als botanische Illustratorin am »Jardin des Plantes« erworben hatte. Als die Damen ihr nichts mehr beibringen konnten, vertraute der Vater seine begabte Tochter dem damals bedeutendsten französischen Stilllebenmaler Jean-Baptiste Chardin an.

Bei ihrem Debüt im Pariser »Salon«, der alle zwei Jahre stattfindenden Ausstellung der Akademiemitglieder, fand selbst Denis Diderot, der oberste Kunstrichter seiner Epoche, lobende Worte über ihr Werk, und der »Mercure de France« ergänzte: »Der Nachteile ihres Geschlechtes ungeachtet, hat sie die künstlerische Darstellung der Natur zu einer Perfektion entwickelt, die uns entzückt und überrascht.«

Was auch immer der Rezensent mit den »Nachteilen ihres Geschlechtes« gemeint haben mag: Anne Vallayer erweist sich bereits in ihrem Frühwerk als Meisterin. Wie in der französischen Schule üblich, malt sie Fruchtkörbe und Jagdstücke, Tafelszenen und Vanitas-Darstellungen. Nach 1775 findet sie ihren eigenen Stil, der sich eher an die opulente holländische Blumenmalerei anlehnt. Sie arrangiert ihre üppigen Sträuße in jedem erdenklichen Gefäß, nur edel und kunstvoll gearbeitet muss es sein: in Stein oder Marmor geschnittene Pokale, Kristallvasen vor allem, aber auch solche aus Porzellan oder Terrakotta. Die Marmortische und Steinbänke, auf denen sie ruhen, sind mit kostbaren Stoffen verhängt, samtenen Tüchern oder Damastdecken. Muscheln und taubereifte Früchte beleben die Szenerie und runden sie ab, kleine Zweige oder ein paar heruntergefallene Blütenblätter sind wie absichtslos platziert.

Bei aller Vielgestalt der Arrangements – die Lieblingsblume der Malerin ist die Rose. Sie dominiert fast all ihre Blumenstillleben und findet sich auf Druckgrafiken wieder, ganz im Stil botanischer Illustrationen. Der in Modedingen führende Adel hatte ein »Zeitalter der Galanterie« ausgerufen und die Rose als Blume der Liebe und der erotischen Leidenschaft zum zentralen Symbol erhoben. Im Rokoko war sie allgegenwärtig und wurde mit nie erlahmendem Erfindungsgeist in Szene gesetzt: Die Rosengirlande als das beliebteste Dekorationselement schmückte Schleiflacktischchen und wurde Motiv von Intarsien. Stuckaturen prangten an Zimmerdecken und Leuchterkonsolen. Porzellanmanufakturen kreierten aufwendige Tafeldekorationen aus Rosenblüten. Wer nicht so viel Geld ausgeben konnte, behalf sich mit eingefärbtem Zuckerguss. Die Rosenbilder von Anne Vallayer wurden Teil dieser Dekorationen.

Doch auch die Damen schmückten sich auf jede nur erdenkliche Art mit Rosen: Junge Mädchen trugen Rosenkränze im Haar. Des Morgens wurden frische Blumen am Kleid befestigt, und die aufwendig getürmten Perücken waren von ganzen Arrangements gekrönt. Das Ganze hatte nur einen Haken: In der Hitze der Ballsäle und Boudoirs verwelkten die Blumen innerhalb kurzer Zeit. Eine elsässische Adlige beschrieb 1789 in ihren Memoiren eine sinnreiche Erfindung: Kleine flache Fläschchen, regelrechte Blumenvasen wurden in den Perückenungetümen verborgen und hielten die Rosen leidlich frisch. Wer diese Unbequemlichkeit scheute, ließ die Blüten in einem Hinterzimmer stündlich von einer Modistin auswechseln. Zwischen Allerheiligen und Ostern stiegen die Preise für Rosen rings um Paris ins Astronomische, und der Handel mit Kunstblumen florierte. Der böhmische Meister Wenzel gelangte zu Ruhm, weil er für Königin Marie Antoinette eine täuschend echte Rose herstellte, deren Blütenblätter aus den Häutchen von Eierschalen ausgeschnitten und dann eingefärbt waren.

Rosenmuster – stilisiert oder naturalistisch – waren in Kleiderstoffe gewebt, aufgestickt und appliziert. Die exquisiten Stillleben der Madame Vallayer gaben Vorlagen für diese Stoffe, aber auch für

Im Zeitalter des Rokoko war das Rosendekor allgegenwärtig: Teile eines Service von 1781 aus der berühmten Porzellanmanufaktur Sèvres.

Sinnbild des galanten Zeitalters: 1767 malte Jean-Honoré Fragonard »Die Schaukel«. Während der Ehemann brav die Gattin anschubst, wartet der Liebhaber im Rosenbusch, um einen Blick unter den Rock zu erhaschen.

Porzellan, Tapeten und Gravuren. Die »Blumenvase mit zwei Pflaumen auf einem Marmortisch« von 1781 etwa fand für eine Gobelintapete Verwendung und mehrte den Ruhm der Malerin. Finanziell war sie allerdings längst nicht mehr auf derlei Zweitverwertung angewiesen. Die berühmtesten Sammler der Zeit bewarben sich um ihre Bilder, der Abbé Terray ebenso wie der Prince de Conti, der Bankier Beaujon oder der Comte de Merle. Und auch die Königin war auf sie aufmerksam geworden. Marie Antoinette richtete ihr ein Atelier im Louvre ein und ernannte sie zur königlichen Hofmalerin. Und als Anne Vallayer 1781 den Advokaten und Reservegeneral Jean-Pierre Sylvestre Coster heiratete, unterzeichnete Ihre Majestät höchstselbst den Ehevertrag.

1789 fegte der Sturmwind der Revolution übers Land, und danach war nichts mehr wie vorher. Selbst die Liebe der Franzosen zu üppigem Blumenschmuck war merklich abgekühlt. Vor allem die Rose galt – zu Recht, wie wir gesehen haben – als Sinnbild des dekadenten Ancien Régime. Rings um Paris wurden die Rosenfelder umgepflügt, um Getreide und Kartoffeln anzubauen. Für ein paar Jahre zog sich Anne Vallayer-Coster aufs Land zurück, doch ab 1795 war sie mit ihren Arbeiten wieder im »Salon« der nunmehr bürgerlichen Akademie zu sehen. Ihre Karriere endete, wie sie begonnen hatte – mit einem Paukenschlag. Kurz vor ihrem Tod 1817 kehrten die Bourbonen auf den Thron zurück. Dem frisch gekrönten Ludwig XVIII. verehrte Anne Vallayer-Coster als Willkommensgeschenk eine »Fleur de lis«, die Wappenblume des Königshauses, und das grandiose »Stillleben mit Hummer«. Dessen Symbolik ist unmissverständlich: Inmitten eher rustikalen Tischgerätes liegt das gewaltige Tier in der Farbe königlichen Purpurs, schimmernd und wehrhaft und geradezu unangreifbar.

Mit Pinsel und Palette bis in die Urwälder des Amazonas

Die Kunst der Pflanzenmalerinnen

Blumenmalen galt in der Vergangenheit als schicklicher Zeitvertreib für Damen aus gutem Hause. Man fand, dies sei »eine artige, unterhaltsame und lehrreiche Beschäftigung«, mit der »das schöne Geschlecht« auf vergnügliche Art und Weise ein paar Stunden des Tages verbringen könne. Für die Frauen, denen das folgende Kapitel gewidmet ist, war das Sammeln und Porträtieren von Pflanzen allerdings alles andere als ein reines Freizeitvergnügen. Sie fühlten sich dazu berufen und machten das Blumenmalen zu ihrer Profession: Maria van Oosterwyck etwa gehört zu einer kleinen Gruppe von Künstlerinnen, die im 17. Jahrhundert mit großem Erfolg ihre opulenten Blumenstücke an adelige Auftraggeber und wohlhabende Bürger verkauften. Die Tradition des Blumenstilllebens reicht zurück bis in die Antike. Die ersten Sträuße und Girlanden findet man als dekoratives Beiwerk in der pompejanischen Wandmalerei. In der Renaissance wurde diese Bildgattung wiederbelebt, und im Barock hatten Blumenstillleben Hochkonjunktur. Auch zu wissenschaftlichen Zwecken wurden Kräuter, Blumen und Bäume seit dem Mittelalter verstärkt unter die Lupe genommen. Maria Sibylla Merian ging nicht nur mit einem dekorativen Blumenbuch in die Geschichte ein, sondern auch und vor allem mit einem epochemachenden Prachtband, der die Insekten und exotischen Pflanzen der ehemaligen niederländischen Kolonie Surinam darstellt. Ihre Schiffsreise nach Südamerika im Jahre 1699 war ein großes Abenteuer. Und auch Marianne North scheute gut anderthalb Jahrhunderte später keine Anstrengung, um bepackt mit Pinsel und Palette ihre botanischen Studien auf allen Kontinenten zu betreiben. Sie schuf ein unvergleichliches Œuvre von über 1000 Ölgemälden. Im 20. Jahrhundert konzentrierte sich Margaret Mee auf das Gebiet des Amazonas – auf ihren zahlreichen Exkursionen führte sie neben ihren Zeichenutensilien immer einen Revolver mit sich. Der amerikanischen Künstlerin Georgia O'Keeffe schließlich kam es im Gegensatz zu ihren Vorgängerinnen nicht auf botanische Genauigkeit an. Sie revolutionierte die Gattung des Blumenstilllebens.

MARIA VAN OOSTERWYCK
1630 – 1693

»Eines Tages verliert jede Blume ihren Duft.«

Jacob Cats, 1630

Maria van Oosterwyck

Herbstlich anmutende Blumengirlande mit Pfingstrose, Nelken, Kornähre, Trauben und Brombeeren, die von einem blauen Band gehalten werden.

Auf dem niederländischen Kunstmarkt des 17. Jahrhunderts waren Blumenstillleben heiß begehrt. Wohlhabende Handwerker, Bürger und Adelige sammelten mit Leidenschaft Gemälde, mit denen sie alle Wohnräume schmückten. Die farbenprächtigen Blumenstücke wurden besonders in der kalten Jahreszeit als Ersatz für echte Sträuße gekauft. Porträts, mythologische Themen und Historienbilder dienten der Dekoration und der gesellschaftlichen Repräsentation des Auftraggebers. Die große Nachfrage nach Ölgemälden hatte im Bereich der Stilllebenmalerei zu einer enormen Spezialisierung geführt. Man unterscheidet zwischen Frühstücks-, Bücher-, Fisch-, Jagd- und Musikinstrumenten-, Waffen- und Küchenstillleben. Ambrosius Bosschaert und Pieter Brueghel der Jüngere malten Ende des 16. Jahrhunderts die frühesten botanischen Blumenstücke.

Diese Bilder hatten zumeist eine religiöse Botschaft. Die reichen Bouquets sollten im Barock als Sinnbilder der Vergänglichkeit verstanden werden. Schon in der Bibel werden Blumen mit der Flüchtigkeit des Lebens gleichgesetzt: »Alles Fleisch ist Gras, seine Herrlichkeit ist wie eine Blume auf dem Felde. Das Gras verdorrt. Die Blume verwelkt«, heißt es in Jesaja 40, 6–8. Den Autoren und Zeichnern der Pflanzenbücher, die das wachsende botanische Wissen der Zeit veranschaulichen sollten, war die biblische Symbolik der Blumen geläufig. So schrieb Emmanuel Sweert im Vorwort zu seinem »Florilegium« von 1612 an den Leser, dass er dieses Buch veröffentlicht habe, um die Allmacht Gottes zu zeigen, »der uns so unnütze Kreaturen wie die Blumen zu unserem Vergnügen gegeben hat ..., die uns daran erinnern, dass das Leben des Menschen nichts anderes ist als eine Feldblume, die schnell verwelkt«.

Maria van Oosterwyck war eine Meisterin auf dem Gebiet der Blumenmalerei. Sie gehörte zu einer kleinen Gruppe von Frauen wie Rachel Ruysch, Clara Peeters und Margareta de Heer, die als professionelle Malerinnen auf dem Kunstmarkt sehr erfolgreich waren. Über ihre Biografie ist nur sehr wenig bekannt: Die Tochter eines Predigers hatte ihr Handwerk bei dem berühmten Stilllebenmaler Jan Davidsz de Heem in Antwerpen gelernt, wo dieser von 1636 bis 1658 eine Werkstatt hatte. Einige Jahre war sie in Delft tätig, die meiste Zeit verbrachte sie jedoch in Amsterdam und Den Haag. Oosterwyck war schon zu Lebzeiten in ganz Europa berühmt. Zu ihren Auftraggebern gehörten nicht nur wohlhabende Amsterdamer Bürger, sondern auch gekrönte Häupter

Van Oosterwycks Blumenbouquets sind nie überladen. Neben dem Strauß mit Sonnenblume liegen Meeresmuscheln als Symbole der Vergänglichkeit.

und Adlige wie der Kurfürst von Sachsen, der deutsche Kaiser Leopold I., König Jan Sobieski von Polen und Ludwig XIV. Von der herausragenden Stellung, die sie als Blumenmalerin besaß, zeugt auch das Porträt, das Michiel van Musscher 1690 von ihr schuf. Darauf ist die Künstlerin umgeben von vielen Attributen zu sehen, die ihr Renommee unterstreichen: Ein von oben herabschwebender Genius ist im Begriff, die elegant gekleidete Künstlerin mit einem Lorbeerkranz zu krönen, und an einer Satinschärpe hängt die Porträtmedaille einer ihrer Auftraggeber.

Maria van Oosterwycks Blumenstücke wirken nie überladen. Gekonnt komponierte sie Rosen, Pfingstrosen, Tulpen, Maiglöckchen und Sonnenblumen zu eleganten Sträußen. Natürlich handelt es sich wie bei fast allen barocken Blumenstillleben um reine Fantasiekompositionen, denn die abgebildeten Pflanzen blühen zu unterschiedlichen Jahreszeiten – in der Realität wären sie niemals zusammen in einer Vase zu sehen.

Seit der Renaissance wuchs das wissenschaftliche Interesse an der Natur. Die Künstler zeichneten daher nicht nur nach der Natur, sie zogen auch Herbarien und andere botanische Veröffentlichungen heran. Viele der dargestellten Blumen waren Raritäten, die durch Forschungsreisende und Kaufleute aus Südamerika und Indien nach Europa gekommen waren. Besonders häufig stellten die barocken Stilllebenmaler jedoch Tulpen dar, denn die Tulpe war die Modeblume des 17. Jahrhunderts schlechthin! Um 1560 hatte der flämische Diplomat Orgier de Busbecq, der für den Habsburger König Ferdinand I. das Osmanische Reich bereiste, Tulpenzwiebeln und Samen aus Konstantinopel, dem heutigen Istanbul, an den Wiener Hof mitgebracht. Der aus den Niederlanden stammende Gelehrte Carolus Clusius baute in den kaiserlichen Gärten mit diesem Grundstock eine einzigartige Tulpensammlung auf, die er 1594 mit nach Leiden nahm. Binnen kürzester Zeit waren auch die Niederländer im Tulpenfieber. Wer es sich leisten konnte, wollte diese Blumen besitzen, koste es, was es wolle. Und die Preise stiegen in astronomische Höhen: Eine einzige Zwiebel der rot geflammten »Semper Augustus« brachte bis zu 1000 Gulden ein – der Wert eines stattlichen Hauses. Tulpenzwiebeln wurden zu Spekulationsobjekten, für die man sogar Schiffe in Zahlung gab. Viele trieb die Tulpomanie in den finanziellen Ruin. 1637 setzte die holländische Regierung diesem Irrsinn ein Ende, indem sie die Preise für die begehrten Tulpen gesetzlich festlegte.

Barocke Blumenstillleben lassen vielschichtige Deutungen zu. Jeder einzelnen Pflanze wurde eine religiöse Bedeutung beigemessen. Rosen, Lilien, Iris, Akelei, Maiglöckchen und Veilchen standen für die Reinheit und unbefleckte Empfängnis der Muttergottes und signalisierten Demut und Bescheidenheit, der dekorative Granatapfel hingegen verwies auf das himmlische Paradies. Oft deuten Schnecken, Hirschkäfer und Fliegen auf die Vergänglichkeit der Blütenpracht und im übertragenen Sinne auf die Vergänglichkeit der irdischen Schönheit hin.

Eine gängige künstlerische Praxis war es auch, den Blumensträußen Vanitas-Motive zur Seite zu stellen. Auf einem in das Jahr 1663 datierten Stillleben – es befindet sich heute im Kunsthistorischen Museum in Wien – präsentiert van Oosterwyck dem Bildbetrachter neben einem wunderbaren Blumenbouquet ein breites Spektrum von Gegenständen, die symbolisch an die Endlichkeit des Lebens erinnern sollen. Der Totenkopf spricht für sich, das Stundenglas zeigt das Verrinnen der Zeit, die Flöte steht für die Flüchtigkeit der Töne, und ein Geldbeutel erinnert daran, dass Reichtümer nicht ewig sind. Auf einem Zettel, der in einem der Bücher im Vordergrund steckt, steht: »Wir leben, um zu sterben, und sterben, um zu leben.« Das ausgefeilte Bildprogramm verrät die Herkunft der Künstlerin aus einem Predigerhaushalt. Da der calvinistische Glaube die Darstellung religiöser Themen verbietet, wurden die Mahnungen zu einer tugendhaften Lebensführung in Bildern mit profanen Inhalten verschlüsselt dargestellt.

Als Maria van Oosterwyck den Höhepunkt ihrer Karriere erreichte, hatte sich auch für die in Europa vor Kurzem eingeführte Tulpe eine klare Bedeutung herauskristallisiert: Sie warnte den Bildbetrachter vor Leichtsinn – und wilden Spekulationsgeschäften.

Im 17. Jh. herrschte in Holland das Tulpenfieber. Tulpenzeichnungen aus »Verzameling van bloemen naar de natuur getekend«, 1630.

MARIA SIBYLLA MERIAN
1647 – 1717

»Des Menschen Leben ist gleich einer Blum.«

Maria Sibylla Merian

Darstellung einer Paprikapflanze und Metamorphose eines Nachtfalters, kolorierter Kupferstich aus »Metamorphosis Insectorum Surinamensium«, 1705.

Schon vielen Autoren hat das Leben der Maria Sibylla Merian als Romanvorlage gedient. Sie war eine erfolgreiche Blumenmalerin, Verlegerin, Unternehmerin, Insektenforscherin und Forschungsreisende – und das in einer Zeit, in der Frauen nur ein sehr begrenzter Spielraum zur beruflichen Entfaltung zugestanden wurde. Bereits zu Lebzeiten schätzte man sie in Botaniker- und Entomologenkreisen für ihre akribischen, detailgenauen Bilder von Insekten und Blumen. Und auch posthum wirkte ihr Renommee: Der schwedische Naturforscher Carl von Linné arbeitete nach ihren Darstellungen, ja in einzelnen Fällen möglicherweise sogar mit von ihr selbst präparierten Insekten. Berühmt wurde sie mit einem Buch über Schmetterlinge und ihre Futterpflanzen in der holländischen Kolonie Surinam in Südamerika – und ihren Raupenbüchern, die zu den ersten naturkundlichen Publikationen über die Entwicklung von »Sommervögelein« gehörten, wie sie die Tagfalter nannte. Bis Mitte des 17. Jahrhunderts glaubte man, dass diese Tiere aus Schlamm und organisch faulenden Stoffen entstehen.

Die Grundlagen für ihre Karriere wurden ihr in die Wiege gelegt: Die am 2. April 1647 in Frankfurt am Main geborene Künstlerin war die Tochter des berühmten Kupferstechers und Verlegers topografischer Werke Matthäus Merian des Älteren. Als dieser drei Jahre nach der Geburt des Kindes starb, heiratete die Mutter den Maler Jacob Marrel. Der Frankenthaler hatte sein Handwerk bei den hervorragenden Stillllebenmalern Georg Flegel und Jan Davidsz de Heem gelernt. Es ist sehr wahrscheinlich, dass der Stiefvater Maria Sibylla Merian schon als Kind in seiner Werkstatt an den Umgang mit Farben heranführte und sie später eine Ausbildung bei ihm erhielt. Sie lernte Zeichnen, die Herstellung von Farben, Kupferstechen und Drucken. Entscheidend für ihr Interesse an Pflanzen und Insekten waren wohl die wissenschaftlichen Veröffentlichungen aus dem Verlag ihres Vaters, den die beiden Halbbrüder Matthäus der Jüngere und Caspar weiterführten.

Schon ihr Erstlingswerk, das »Neue Blumenbuch«, ist eine Augenweide und wird noch heute als großes Faksimile oder im Taschenbuchformat nachgedruckt. Die Vorzeichnungen für die Kupferstiche entstanden in Nürnberg. 1670 hatte Merian mit ihrem Ehemann, dem Architekturmaler Anton Graff, und ihrer zweijährigen Tochter Johanna Helena ein Bürgerhaus am Milchmarkt bezogen. Von dem deutschen Künstlerbiografen Joachim von Sandrart

J. Mulder Sculp.

links: Merians Leidenschaft waren Schmetterlinge wie der »Blaue Morpho« mit seiner Futterpflanze, dem Granatapfel, aus »Metamophosis Insectorum Surinamensium«, 1705.
rechts: Merian schloss sich 1686 der Labadisten-Gemeinde auf Schloss Waltha, Friesland an. Plan, Johann Andreas Graff (zugeschrieben).

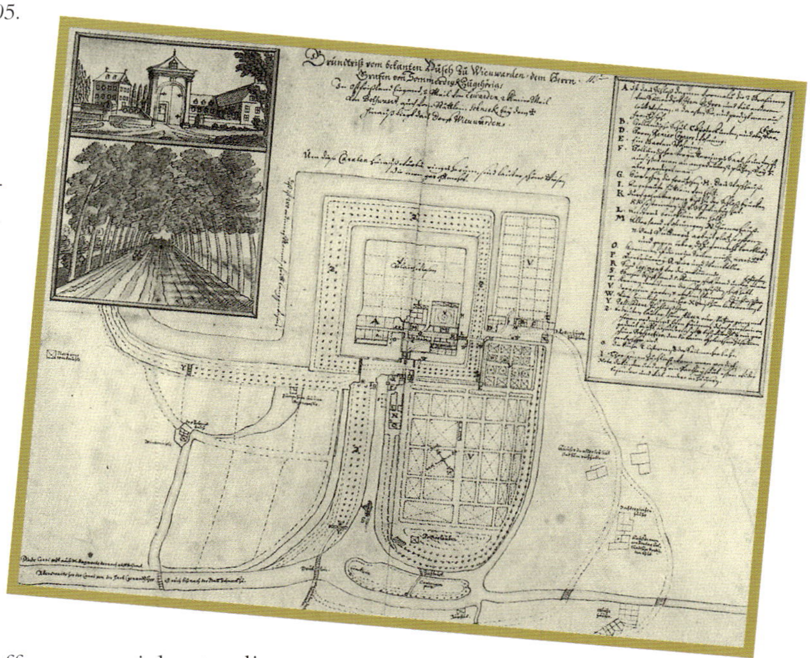

wissen wir, dass die 28-Jährige sich schon damals keineswegs nur auf ein Dasein als Hausfrau und Mutter beschränkte. Sie widmete sich intensiv der Gouache- und Seidenmalerei. Mit licht- und waschechten Farben bemalte sie Seidentischwäsche mit Blumen, Kräutern, Vögeln und Insekten, die in adeligen Kreisen reißenden Absatz fanden. Sie unterrichtete Nürnberger Damen im Zeichnen, sie handelte mit Farben und Malutensilien und belieferte damit ihre »Jungfern-Companie«, zu der die Künstlertöchter Magdalena Fürst und Dorothea Auer wie auch die Patriziertochter Clara Regina Imhoff gehörten. Merian und ihre Schülerinnen waren so talentiert und erfolgreich, dass sie bald Auftragsarbeiten übernahmen: Für einen Feldherrn, der auch während seiner militärischen Expeditionen in seiner mobilen Behausung von Blumen und Vögeln umgeben zu sein wünschte, bemalten sie ein ganzes Zelt. Doch der Karriere als Malerin waren Grenzen gesetzt: In Nürnberg wurden Frauen kategorisch von der Ölmalerei ausgeschlossen; die Ausführung von Blumenstücken auf Pergament und Stoffen war ihnen lediglich mit Aquarell- und Deckfarben erlaubt – und zwar per Gesetz.

Merians »Neues Blumenbuch« entstand als Motiv- und Vorlagensammlung für höhere Töchter und Damen der Oberschicht, die sich dem Sticken widmeten. Es erschien in drei Lieferungen zu je zwölf Tafeln zwischen 1675 und 1680 im Selbstverlag ihres Mannes Anton Graff. Dargestellt sind die Gartenblumen der Zeit: Narzissen, Stiefmütterchen, Anemonen, Lilien, Rosen und – natürlich – Tulpen. Auch Kapernstrauch, Besenginster und die Passionsblume, die auf Stillleben des 17. Jahrhunderts sehr selten vorkommen, bildete sie hier ab. Sie zeichnete die Blumen nicht nur nach der Natur, wie man vermuten würde, sondern ließ sich auch von botanischen Publikationen anregen. Im Verlag ihres Vaters war bereits 1641 das Pflanzenhandbuch »Florilegium Novum« erschienen, das möglichst viele Pflanzen mit ihren lateinischen Namen aufführte und Anregungen zur Gartenbepflanzung gab. Im Unterschied dazu schuf Maria Sibylla Merian nun kunstvoll-dekorative Blumenporträts. Ihr großes Vorbild war der französische Hofmaler Nicolas Robert, der für seine naturnahen Blumen- und Tierbilder sehr geschätzt wurde. Aus seinem Atlas »Variae ac Multiformes Florum species« übernahm Merian gleich sieben Motive. Was heute erstaunen mag, war im Barock durchaus gängige Praxis – auch das »Neue Blumenbuch« sollte als Kopiervorlage dienen. Merian versuchte die Blumenporträts so abwechslungsreich wie möglich zu gestalten. Sie reicherte die Kompositionen mit allerlei Spinnen, Schmetterlingen und Raupen an. Diese sind aber nicht nur dekoratives Beiwerk, sie weisen auch auf die eigentliche große Leidenschaft der Künstlerin hin, die sie zur Lebensaufgabe machte: die Erforschung der

Metamorphose der Raupen von der Puppe zum Schmetterling.

Schon im Alter von 13 Jahren hatte Maria Sibylla Merian nach eigenen Angaben mit der Beobachtung von Insekten begonnen. Zuerst galt ihr Interesse der Seidenraupe, die vor allem in den wärmeren Gegenden Deutschlands wie in der Umgebung von Würzburg, Stuttgart und Mainz gezüchtet wurde. Bald weitete sie ihre Studien auf andere Raupenarten aus. Die Verlegertochter ging von Anfang an höchst akribisch vor: Sie durchstreifte Gärten und Wiesen, sammelte die Insekten und fand durch genaue Betrachtung heraus, von welchen Gewächsen sie sich ernährten, denn Raupen sind oft an eine bestimmte Pflanze gebunden. Dann beschaffte sie die entsprechende Nahrung und züchtete die Tierchen in Schachteln, um die verschiedenen Entwicklungsstadien auf kleinen Pergamentblättern zeichnerisch festzuhalten. Manchmal dauerte es Tage, manchmal Wochen und Monate, bis ein Schmetterling schlüpfte. Maria Sibylla Merian versenkte sich mit Hingabe in ihre Beobachtungen, die sie mit ihrer Rolle als Ehefrau und Mutter wunderbar vereinbaren konnte. In Nürnberg hatte sie sogar einen eigenen Garten im Bereich der Kaiserburg, wo sie ihre Studien betrieb. 1679 veröffentlichte sie unter dem Titel »Der Raupen wunderbare Verwandlung und sonderbare Blumennahrung« ihr erstes Raupenbuch – es sollten zwei weitere folgen. Auf 50 Kupferstichen sind hier unterschiedliche Metamorphosen verschiedener Arten dargestellt. Im Gegensatz zu anderen Publikationen der Zeit stellte Merian die Tiere mit ihrer jeweiligen Futterpflanze dar. Abgebildet sind Bäume und Sträucher, darunter viele Fruchtarten, Gartenkräuter und Wildpflanzen, wobei ihr die Erfahrung mit Blumenbildern sicherlich zugutekam. Von anderen Insektenmalerinnen und -malern wie Margaretha de Heer oder Jan van Kessel hob sich Maria Sibylla Merian dadurch ab, dass sie ein seriöses Forschungsinteresse verfolgte und damit einen großen Beitrag zur Naturkunde leistete.

Es folgten Jahre der privaten Veränderung. Die Ehe scheint nicht glücklich gewesen zu sein, denn nach dem Tod ihres Stiefvaters Jacob Marell kehrte Maria Sibylla Merian mit ihren beiden Kindern 1681 – die zweite Tochter, Dorothea Maria, war gerade drei Jahre alt – zu ihrer Mutter nach Frankfurt am Main zurück. Hier vollzog sich ein religiöser Gesinnungswandel: Die Protestantin fühlte sich von den Lehren des Franzosen Jean de Labadie angezogen, der Askese und Besitzlosigkeit predigte. Um nach diesen Idealen zu leben, schloss sie sich 1686 zusammen mit ihrer Mutter und den Töchtern der Labadisten-Gemeinde auf Schloss Waltha im holländischen Wieuwerd an, wo sie sich nicht nur von allen materiellen Werten, sondern auch von ihrem Ehemann endgültig lossagte. Ihre Studien aber durfte sie weiterführen. Hier bekam sie zum ersten Mal exotische Kleintiere und tropische Pflanzen zu Gesicht, die die labadistischen Missionare aus der niederländischen Kolonie Surinam mitgebracht hatten. Ihr Interesse für die südamerikanische Flora und Insektenwelt war geweckt – und schon bald war sie nicht mehr zu halten. Erst siedelte Merian mit ihren Töchtern nach Amsterdam

um, damals bekannt für ein hohes wissenschaftliches Niveau und das freieste politische Klima Europas. 1699 war es dann so weit: Zusammen mit ihrer jüngeren Tochter Dorothea bestieg Maria Sibylla Merian ein Schiff nach Surinam. Um die kostspielige Reise zu finanzieren, hatte sie ihre Sammlung von Bildern mit Frucht-, Pflanzen- und Insektenmotiven verkauft und sich sogar von ihrer Kollektion präparierter Insekten getrennt.

Surinam war ein Tropenparadies. Die Kolonie exportierte vor allem Zuckerrohr, das von afrikanischen und indianischen Sklaven angebaut wurde. »Die Menschen verspotten mich, dass ich etwas anderes in dem Land suche als Zucker«, kommentierte Merian das Erstaunen, mit dem man ihrer Mission allenthalben begegnete. Zwei Jahre lang lebten die beiden mutigen Europäerinnen in der Hauptstadt Paramaribo. Von hier aus unternahmen sie Exkursionen, auf denen sie Pflanzen, Raupen und andere Tiere sammelten. Ihre Sklaven, die sie – ganz im Gegensatz zu den Plantagenbesitzern – mit Respekt behandelten, mussten ihnen den Weg durch die Disteln und Dornen des Regenwaldes, der noch heute 80 Prozent des Landes bedeckt, mühsam freihacken.

Für Merian und ihre Tochter lohnten sich die Strapazen: Als sie 1701 schließlich nach Amsterdam zurückkehrten, bestand ihr Gepäck aus gerollten Pergamentbildern, in Branntwein eingelegten Schmetterlingen, Flaschen mit Krokodilen und Schlangen, Eidechseneiern, Zwiebeln und Knollen und vielen runden Spanschachteln voller gepresster Insekten, die zum Verkauf bestimmt waren. Ein Versäumnis aber beklagte die Weitgereiste: Sie habe nicht die passende Gelegenheit gefunden, um alle angestrebten Beobachtungen der Insekten vorzunehmen – das Klima des Landes sei dafür einfach zu heiß, so schreibt sie im Vorwort zu ihrem Buch über Surinam. Die Forscherwelt war trotzdem begeistert. Als »das erste und fremdartigste Werk, das je in Amerika gemalt wurde« feierte man den Folianten mit 60 Kupfertafeln. Wie bei den Raupenbüchern stellte Merian auch hier die Insekten mit ihren jeweiligen Futterpflanzen dar, die sie in den schillerndsten Farben kolorierte. Die meisten davon wie Maniok, Guajava, Bataten, Zimmetapfel, Wunderbäume oder auch die Papaya waren in Europa noch unbekannt. In ihren Begleittexten greift die Künstlerin auf das Wissen der Sklaven zurück und informiert den Leser über die Zubereitung der Pflanzen zu Speisen, ihre Heilwirkung oder die Gewinnung von Farbpigmenten.

Natürlich gab es auch Kritik. Manche Forscherkollegen vermissten die Systematik in der Anordnung der Pflanzen und Tiere und mäkelten, es gehe ihr wohl allein um die »Entstehung, Fortpflanzung und Verwandlung von Geschöpfen«. Maria Sibylla Merians Ruhm tat das keinen Abbruch. Kurz vor ihrem Tod im Jahre 1717 erwarb Zar Peter der Große auf seiner Hollandreise ihre Zeichnungen und Aquarelle, die heute nicht nur in Petersburg, sondern in Museen, Archiven und Bibliotheken auf der ganzen Welt zu finden sind.

MARIANNE NORTH
1830–1890

»Ich bin ein wilder Vogel und brauche meine Freiheit.«

Marianne North

In den 1880er-Jahren malte Marianne North in New South Wales im Süden von Australien die Blume Waratah, auch »Telopea speciosissima« genannt.

Irgendwann wusste sie einfach nicht mehr wohin mit den Bildern. Also schrieb Marianne North 1879 an den Direktor des größten botanischen Gartens des Landes, Sir Joseph Hooker, ob er mit einer Schenkung ihres Œuvres einverstanden wäre. Sie würde für ihre Gemälde auf dem Gelände von Kew Gardens, zehn Kilometer südwestlich von London, ein entsprechendes Gebäude errichten lassen. Einzige Bedingung: ein Raum, den sie während ihrer Aufenthalte in England als Atelier benutzen konnte. Hooker nahm das Angebot an, und North beauftragte ihren Architektenfreund James Fergusson mit dem Entwurf. 1882 wurde die Galerie eröffnet. Noch heute sind Besucher wie erschlagen, wenn sie den von außen schlichten Bau im Kolonialstil mit Veranda betreten. Über 830 farbenprächtige Ölbilder von exotischen Pflanzen, tropischen Landschaften, wilden Tieren und Insekten hängen dicht gedrängt vom Boden bis zur Decke. Kaum zu glauben, dass alles von einer einzigen Künstlerin stammt.

Marianne North war eine besessene Blumenmalerin. 13 Jahre lang bereiste sie die ganze Welt, bahnte sich einen Weg durch den Urwald, schlief in einfachen Herbergen, kämpfte gegen Stürme und Insektenschwärme, um die Pflanzen in ihrem natürlichen Lebensraum abzubilden. Dabei hätte sie das luxuriöse Dasein einer reichen Erbin aus bestem Hause führen können. Ihr Vater war jahrelang Mitglied des Parlaments; Reisen gehörten in der Familie zum Jahreslauf einfach dazu. Die Winter verbrachte man in Hastings, den Frühling in London und im Sommer ging man aufs Land. Als die Tochter 17 war, brachen die Norths zu einer zweijährigen Tour durch ganz Europa auf. Acht Monate verbrachten sie in Heidelberg, es folgten Dresden und Wien. Zu dieser Zeit widmete sich Marianne voll und ganz der Musik, doch um die Leidenschaft zum Beruf zu machen, reichte ihre Stimme nicht aus. Stattdessen konzentrierte sie sich auf ihr zweites Steckenpferd, die Malerei.

Die Grundlagen lernte sie bei der niederländischen Blumenmalerin Magdalen von Fowinkel (1799–1879). Wie ihr Vater interessierte sie sich lebhaft für Gartenbau und Botanik. Oft besuchten sie die Gärten der Horticultural Society oder gingen in den Botanischen Garten in Kew, mit dessen Direktor Sir William Hooker – ein Vorgänger des eingangs erwähnten Joseph – die Familie befreundet war. Eines Tages schenkte dieser Marianne den üppig blühenden Zweig eines Tohabaumes aus Burma. Von da an hatte sie nur einen Wunsch: einmal die Tropen zu malen. Doch als ihre Mutter 1855 starb, wurde die Tochter, die unverheiratet blieb, zu-

Die Landschaft Javas faszinierte Marianne North besonders – die Wälder, Seen mit Lotusblüten, Reisfelder, die Architektur und die Vulkane. »Teeernte auf Mr. Hoelles Plantage in Garoet, Java«, um 1875.

nächst einmal zur Weggefährtin des Vaters. Die Gelegenheit, nach Amerika zu reisen, ergab sich erst sehr viel später – sie war 40 Jahre alt, als sie mit ihrer exzentrischen Freundin Mrs. Skinner und unzähligen Koffern 1870 das Schiff bestieg. In Boston angekommen, sah sie sich im Garten ihres dort gemieteten Hauses umgeben von scharlachroten Lobelien, weißen Orchideen, Magnolien und Farnen. Doch es hielt sie nicht lange: Ihr nächstes Ziel waren die dichten Wälder Kanadas. Über Ottawa, Kingston und Toronto ging die Reise weiter bis zu den Niagarafällen. Hier trennte sie sich von ihrer Reisegefährtin, die sie zunehmend enervierte, fand aber bald neue Gesellschaft – der Touristenführer und seine Frau brachten ihr Kaffee, wenn sie stundenlang auf den Felsen saß, um die tosenden Wassermassen in Öl festzuhalten.

Weihnachten 1871 kam Marianne North nach Jamaika, wo sie sich auf dem Gelände des Botanischen Gartens eine Villa mietete. Nachdem sie zwei Zimmer mit Möbeln ausgestattet hatte, kaufte sie Lebensmittelvorräte, darunter eine riesige Bananenstaude, die sie wie einen Kronleuchter an der Zimmerdecke befestigte. Nun konnte sie mit der Arbeit beginnen und die wunderbaren Pflanzen der Tropen, die sie bisher nur aus Gewächshäusern kannte, in ihrem natürlichen Umfeld porträtieren. Draußen wucherten Bananen, Palmen, Brot- und Mahagonibäume, Bromelien, Allamandas, Begonien, Passionsblumen und riesige Kletterpflanzen. »Ich war so aufgeregt, dass ich nicht wusste, was ich zuerst malen sollte«, schrieb sie in ihr Tagebuch.

Aus ihren autobiografischen Aufzeichnungen, die sie später unter dem Titel »Recollections of a Happy Life« veröffentlichte, erfahren wir alles über ihren Alltag als Globetrotterin und Blumenmalerin. Vor Tieren scheint sie sich nicht gefürchtet zu haben, im Gegenteil: Mit allen Sinnen genoss sie die neuen Erfahrungen. Einen Krebs, den sie in ihrem Schlafzimmer fand, verspeiste sie kurzerhand gekocht zum Abendessen, und begeistert berichtet sie von den Diners beim Gouverneur von Jamaika, wo man ihr Ingwerpudding, Tomatentoast, Mango Stew, Kokosnusscreme und geröstetes Schildkrötenfleisch kredenzte.

Auf dem Gelände des Botanischen Gartens in Kew eröffnete North 1882 ihr eigenes kleines Museum, in dem 830 Bilder zu sehen sind. Bilderwand mit Büste Marianne Norths.

Nach fünf Monaten auf der tropischen Insel kehrte sie nach London zurück und unterhielt ihren ausgedehnten Bekanntenkreis mit Anekdoten von ihren Reisen. Doch schon im September 1872 packte sie erneut die Koffer und brach nach Brasilien auf. Im Botanischen Garten von Rio de Janeiro bannte sie eine Palmenallee auf die Leinwand, und der Direktor des Gartens, ein Österreicher, schrie jeden Passanten ärgerlich an, der es wagte, sich vor die Pflanze zu stellen, die sie gerade malte. Zu ihren beschwerlichsten Touren gehörte die Expedition in die Corcovado-Berge. Es regnete ununterbrochen, und der Boden war so aufgeweicht, dass die Maulesel bis zum Hals im Schlamm versanken. Marianne North konnte das nicht verdrießen; sie tröstete sich mit der üppigen Vegetation, die sie am Wegesrand fand: Orange blühende Kassiabäume, Korallensträucher, Bougainvillen und Agaven. Dann, im November 1875, kam die Weltreisende in Japan an und tauchte ein in die fremde Kultur. Wie alle Touristen kaufte sie Souvenirs; allein für die wunderschönen Teekannen könnte sie, so gesteht sie, ihr ganzes Geld ausgeben. Drei Jahre später reiste sie durch Indien, mit ungebrochenem Eifer und Tatendrang: Sie malte zwölf Stunden pro Tag, einzig gestört von wahren Ameisenheeren, die eine besondere Vorliebe für ihre Ölfarben hatten.

Einsam oder allein war die Malerin auch in der Ferne nie. Empfehlungsschreiben ihrer Bekannten öffneten ihr alle Türen – gleich, ob von Botschaftern und Gouverneuren oder gebildeten Engländern, die im Ausland lebten. In Australien, wohin sie auf Anraten Charles Darwins gereist war, verbrachte sie ihre Zeit mit der Blumenmalerin Ellis Rowan. Nach der Eröffnung der Galerie in Kew 1882 fehlte auf ihrer botanischen Agenda nur noch Afrika. Neun Monate streifte sie mit Pinsel und Palette durch den Süden des Kontinents. Dann aber verschlechterte sich ihr Rheuma derart, dass sie gezwungen war, eine Auszeit in der Heimat zu nehmen. Ihre letzte Expedition führte sie nach Chile, wo sie unbedingt die Aurakarie, den sogenannten Affenschwanzbaum, in Öl malen wollte. Die Einheimischen rieten ihr ab, nach dem stacheligen Baum zu suchen – sie könnte von Indianern entführt oder von Pumas gefressen werden. In Begleitung eines irischen Gentleman unternahm Marianne North dennoch eine Fahrt durch die Wälder und fand den ersehnten Baum. Hier entstand ihr letztes Pflanzenporträt. Danach fühlte sie sich zu schwach für weitere Reisen. Nicht aber für ehrgeizige Zukunftspläne. Auf ihrem Anwesen in Alderley wollte sie »den perfektesten Garten von England« anlegen.

Die Königsprotea, »Protea cynaroides«, malte North in Südafrika, um 1882.
folgende Doppelseite: Gemälde aus Südafrika »Ausblick in Dr. Atherstones Garten, Grahamstown«, um 1882.

MARGARET MEE
1909 – 1988

»Der Amazonas war in meinem Blut.«

Margaret Mee

Margaret Mee, links 1988 bei einer Flussfahrt auf dem Rio Negro im brasilianischen Amazonasgebiet, zeichnete zart und botanisch präzise, so etwa das Blatt mit »Heliconia adeleana« von 1981.

Als ihre Werke 1968 zum ersten Mal der Londoner Öffentlichkeit präsentiert wurden, war der britische Kunstkritiker Wilfried Blunt beeindruckt. Mees kolorierte Zeichnungen könnten es mit den Werken von Meistern der Vergangenheit wie Ehret und Redouté aufnehmen, urteilte er. Das war ein sehr großes Lob – diese beiden zählten im 18. Jahrhundert zu den besten Pflanzenmalern der Welt. Georg Dionysius Ehret (1708–1770) hatte die Gartenpflanzen von Ärzten und Apothekern in Deutschland porträtiert und mit Carl von Linné zusammengearbeitet, und Pierre-Joseph Redouté (1759–1840) war von Königin Marie Antoinette zum französischen Hofmaler berufen und für sein monografisches Werk »Les Roses« gefeiert worden. Margaret Mees Zeichenstil ist genauso zart dekorativ wie der ihrer Vorläufer und gleichzeitig wissenschaftlich präzise. Über 30 Jahre lang hielt sie vor allem die Pflanzen des Amazonas im Bild fest und dokumentierte mit dem Pinsel viele Arten, die inzwischen ausgestorben sind.

Nach Brasilien war die 1909 in England geborene Mee durch einen Zufall gekommen: 1952 reiste sie mit ihrem Mann nach São Paolo, um dort ihre kranke Schwester Catherine zu pflegen. Da Margaret und Greville Mee sich sehr gut einlebten, beschlossen sie, in Südamerika zu bleiben. Während sie, die ab 1947 eine klassische künstlerische Ausbildung an der Camberwell School of Art genossen hatte, nun in der neuen Heimat Kunstunterricht an der British School gab, arbeitete Greville in der rapide wachsenden Stadt sehr erfolgreich als Auftragsmaler. Um dem Lärm und der Hitze von São Paolo zu entkommen, unternahm das Paar an den Wochenenden lange Wanderungen. Eines Tages entdeckte Margaret eine Rizinusölpflanze am Wegesrand, die sie, wie sie später sagte, so schön fand, dass sie »sie sofort zeichnen musste«. Von da an waren botanische Studien ihre große Leidenschaft. Anfangs war sie noch unschlüssig, umso mehr als jede Landkarte den zahlreichen Nebenflüssen des Amazonas andere Namen gab: Wohin sollte sie reisen, um zu malen? Welche der vielen Arten sollte sie zuerst porträtieren?

Im Januar 1956 brachen Margaret Mee und ihre Arbeitskollegin Rita dann zu ihrer ersten Entdeckungstour auf. Die beiden Lehrerinnen hatten nur ein knappes Budget zur Verfügung. Mit einer kleinen Propellermaschine und sehr leichtem Gepäck flogen sie nach Belém. Dann musste improvisiert werden. Der Direktor und die Kuratoren des

Auf ihrer letzten Expedition 1988 porträtierte Margaret Mee die Mondblume, »Strophocactus (Selenicereus) wittii«. Die Besonderheit der Amazonaspflanze: Sie blüht nur nachts.

dortigen Goeldi-Museums halfen den Damen weiter. Sie rieten zu einer Fahrt auf dem Fluss Gurupi und vermittelten eine Unterkunft im Indianerdorf Murutucum. In ihren Tagebüchern, in denen sie später ihre Expeditionen beschrieb – sie erschienen 1988 unter dem Titel »In Search of Flowers of the Amazon Forest« –, schildert Mee minutiös ihre Erlebnisse, die sich wie ein Abenteuerroman lesen. Sie reiste in überfüllten Bussen und alten Holzbooten, schlief in Hütten aus Palmblättern, die keinen Schutz vor Spinnen und Schlangen boten, lebte zusammen mit Kannibalen, geriet mit dem Kanu in tropische Stürme und begegnete Pumas. In den ersten Nächten konnte sie in ihrer Hängematte nicht schlafen, weil sie den Schreien und gurgelnden Lauten des Regenwaldes lauschte. Ohne Murren nahm sie alle Unbequemlichkeiten und Risiken in Kauf, um in den Wäldern faszinierende Pflanzen wie die pinkweiße Gustavia augusta und wundervolle Orchideen wie die betörend duftende Epidendrum fragrans zu zeichnen.

Lebensgefährlich waren für Margaret Mee nicht etwa Insekten oder Indianer. Die größte Bedrohung ging von den »garimpeiros«, den Goldsuchern aus. Eines Tages, als sie sich im Indianerdorf Curi Curi am Rio Negro aufhielt, um Pflanzen zu sammeln und zu malen, suchten die Männer sie auf und fragten mit drohender Miene, ob sie Alkohol bei sich habe. »Nein, nur Kochwein« antwortete sie, ging zu ihrem Zelt und lud den Revolver, den sie immer mit sich führte. Als einer der Männer ihr folgte, bohrte sie ihm die Waffe in den Bauch. In diesem Moment kam ihr ein Indianer zur Hilfe – und die Goldgräber suchten das Weite.

Die Unerschrockenheit lag ihr seit jeher im Blut: Nachdem sie die School of Art, Science and Commerce in London besucht hatte, war sie 1932 mit 24 Jahren nach Deutschland gegangen, um sich vor Ort von dem bedrohlichen Aufstieg der Nationalsozialisten zu überzeugen, über die man im Freundeskreis damals so häufig sprach. Da sie viele kommunistische und jüdische Freunde hatte, geriet sie in Berlin schon bald mit der Polizei in Konflikt. Nach dem Reichstagsbrand im Februar 1933 musste sie mit ansehen, wie die Juden abgeführt wurden. Mitte der Dreißigerjahre nach England zurückgekehrt, engagierte sie sich sozialpolitisch, indem sie für die Verlängerung der Schulzeit sowie

Margaret Mee beim Zeichnen der »Pitcairnia«, die zur Familie der Bromelien gehört, im Nebelgebirge, dem Cerro da Neblina, in Venezuela an der Grenze zu Brasilien auf 1600 Meter Höhe.
unten: ein Nachtaffe.

Ihre letzte Entdeckungsreise unternahm sie im Mai 1988. Ihr Ziel war es diesmal, die sogenannte Mondblume zu malen, eine Kaktusart, die nur nachts blüht, weshalb es schwierig ist, sie zu finden. Seit 1965 hatte die Forschungsreisende nur wenige Exemplare gesehen, diese aber nie in voller Blüte. 23 Jahre später, kurz vor ihrem Tod, war der große Moment gekommen: Margaret Mee, inzwischen fast 80 Jahre alt, saß auf der schaukelnden Spitze ihres Kanus, die Malutensilien griffbereit, als sie plötzlich wie elektrisiert war: »Man konnte buchstäblich zusehen, wie die Blüten sich öffneten«, berichtete sie begeistert. Ein wunderbarer Duft ging von diesen Blüten aus – und über allem strahlte der Vollmond.

die Bekämpfung der Arbeitslosigkeit eintrat. Einen Job in der Labour-Partei, den man ihr damals antrug, schlug sie allerdings aus. Während des Zweiten Weltkrieges arbeitete sie dann, um ihr Vaterland zu unterstützen, in der De-Havilland-Flugzeugfabrik in Hatfield bei London als technische Zeichnerin.

Von heute aus betrachtet, sind auch ihre botanischen Prachtbücher wie »Flowers of the Brazilian Forest« und »Flowers of the Amazon« nicht bloß dekorativ, sondern politisch brisant, denn sie zeigen viele Pflanzen, die aufgrund der fortschreitenden Rodung der Wälder inzwischen längst ausgestorben sind – werden die Bäume gefällt, ist der Nährstoffkreislauf des empfindlichen Ökosystems unterbrochen, die Böden veröden und werden schnell von den kräftigen Tropenregen fortgeschwemmt. Und Mee beobachtete auf ihren Amazonas-Expeditionen – insgesamt waren es 15 – die Zerstörung der Paradiese des Urwalds.

GEORGIA O'KEEFFE
1887–1986

*»Ich werde selbst die eiligen New Yorker dazu bringen,
sich Zeit zu nehmen, um zu erkennen, was ich in Blumen sehe.«*

Georgia O'Keeffe

Die gelben und roten Tulpen malte Georgia O'Keeffe, links auf einem Foto von 1930, im Jahr 1925.

Die willst du doch nicht ausstellen!«, entfuhr es dem berühmten amerikanischen Fotografen und Kunsthändler Alfred Stieglitz, als er die Blütenbilder der Georgia O'Keeffe 1924 zum ersten Mal sah. Ein Jahr später zeigte er sie dann doch in seiner New Yorker Galerie 291, und die Kritiker waren begeistert. Die Künstlerin hatte die traditionelle Gattung des Blumenstilllebens neu interpretiert und in die Moderne überführt, denn sie malte die Pflanzen nicht etwa mit wissenschaftlicher Akribie in ihrer natürlichen Umgebung. Rosen, Wicken, Mohnblumen und Callalilien erscheinen auf ihren Leinwänden vielmehr in vereinfachten Formen und enorm vergrößert. Sie bedecken das ganze Bildfeld. Mit ihren farbenprächtigen Blütenbildern wollte O'Keeffe der aus Stein und Beton gebauten hektischen Großstadt New York etwas Lebendiges, Fragiles entgegensetzen. »Jeder hat zahlreiche Assoziationen, wenn er eine Blume sieht«, gab sie einmal zu bedenken, niemand nehme sich indes die Zeit, wirklich genau hinzusehen, die Blüte sei einfach zu klein. Sehen aber »erfordert Zeit, genau wie eine Freundschaft«.

Als ihre Blumenbilder entstanden, war sie längst schon keine Unbekannte mehr. Sie hatte in Chicago und New York Malerei studiert und ein paar Jahre als Grafikerin und Kunstlehrerin gearbeitet. In Texas hatte sie bereits 1916 eine Serie abstrakter Aquarelle geschaffen, die ihre Studienkollegin Anita Pollitzer bald darauf Alfred Stieglitz zeigte. Stieglitz – er war nicht nur ein renommierter Fotograf, sondern stellte in seiner Galerie die Avantgarde der europäischen und amerikanischen Künstler aus – war sofort begeistert von den Blättern. Als er die junge Künstlerin wenig später kennenlernte, verliebte er sich in sie und trennte sich von seiner ersten Frau, um mit ihr zusammenzuleben. Die beiden wurden zum Traumpaar der New Yorker Kunstszene. Er förderte ihr Talent, sie stand ihm Modell: Besonders am Anfang ihrer Ehe schuf Stieglitz seit 1917 viele erotische Bilder von seiner schönen Frau, die er auch in Ausstellungen präsentierte. Über 300 Aufnahmen wurden es mit der Zeit.

Durch die Galerie 291 lernte O'Keeffe die amerikanische Avantgarde jener Jahre kennen, darunter Maler wie Charles Demuth und Arthur Dove. Künstlerisch näher waren ihr jedoch die Fotografen Paul Strand und Edward Steichen, die ähnliche Motive wählten, um abstrakte Bilder zu schaffen. Die Inspiration lieferte zumeist die Natur. Das galt auch für Georgia O'Keeffe, deren Verbundenheit mit der Natur durch ihre Kindheit geprägt war: Bis

Die stark vereinfachten Blumenmotive füllen großformatige Leinwände ganz aus. »Zwei Stechäpfel mit grünen Blättern und blauem Himmel«.

zum Alter von 14 Jahren hatte sie auf einer Milchfarm in Wisconsin gelebt, umgeben von Wäldern und Wiesen. Schon in der Grundschule standen das Bestimmen von Pflanzen und das botanische Zeichnen auf dem Stundenplan.

Auf dem Sitz der Familie Stieglitz am Lake Georgia, wo sie mehrere Monate im Jahr verbrachte, malte sie nun die Bäume der Umgebung – Zedern, Pinien, Kastanien, Birken und Walnussbäume. Oder sie arrangierte Stillleben mit Früchten aus dem Garten. Als neues Motiv führte Georgia O'Keeffe Baumblätter in die Kunstgeschichte ein, die sie einzeln oder in kleinen Gruppen abbildete. Sie war fasziniert von ihren unregelmäßig geformten Umrissen und schuf eine ganze Serie, für die sie eine Palette von warmen Erdtönen wählte.

Oft war ihr der Rummel um Alfred Stieglitz zu viel, der immer von einer schwatzenden Schar von Bewunderern umgeben war. »Ich würde lieber durch die Wälder, Wiesen und wilden Rosen gehen und Gänseblümchen, Farne und wilde Erdbeeren pflücken«, gestand sie ihrem Freund William Einstein in einem Brief.

Ende der Zwanzigerjahre begann sich O'Keeffe zunehmend zu emanzipieren und unternahm Reisen, von denen sie sich neue Ideen versprach. 1929 verbrachte sie die Sommermonate mit einem Freund in New Mexico, wo sie ihr Paradies auf Erden fand. Sie erkundete die schroffen Felslandschaften in der Umgebung von Taos, und in der Wüste entdeckte sie besonders geformte Steine, Muscheln und, wie sie es nannte, »wunderbare Knochen«, die sie mit nach Hause nahm. Die Kuh- und Pferdeschädel wurden zu erklärten Lieblingsmotiven: »Ich habe diese Dinge benutzt, um auszudrücken, was mir Weite und Wunder dieser Welt, in der ich lebe, bedeuten.« Zwischen 1929 und 1949 pendelte Georgia O'Keeffe zwischen Manhattan und New Mexico. In der Großstadt führte sie Auftragsarbeiten aus; so entstanden beispielsweise ein großes Seerosenbild für die Kosmetikzarin Elizabeth Arden und ein Wandbild für die Radio City Hall. In New Mexiko malte sie die einfache Pueblo-Architektur und Landschaften. Die Wüste kam ihrem Bedürfnis nach Zurückgezogenheit entgegen; die geologischen Formationen veränderten ihren Malstil, der nun noch einfacher wurde.

1946, im Todesjahr ihres Ehemannes, zeigte das Museum of Modern Art in New York eine umfassende Schau ihrer Werke. Es war die erste Retrospektive überhaupt, die das Museum einer Frau widmete. Drei Jahre später ließ sie sich endgültig in New Mexico nieder, wo sie mittlerweile zwei Häuser besaß, deren Architektur sie auf die Leinwand bannte. Angeregt durch zahlreiche Flugreisen um die Welt in den Fünfzigerjahren, schuf sie im Kontrast dazu großformatige Wolkenbilder.

Ihre letzten Lebensjahre verbrachte sie in ihrem Haus in Abiquiu. Da ihre Sehkraft seit den Siebzigerjahren sehr nachgelassen hatte, beschäftigte sie einen Assistenten, den Künstler Juan Hamilton, der ihr in praktischen Dingen des Haushalts zur Seite stand – und die hochbetagte Dame noch das Töpfern lehrte. Trotz ihrer Sehschwäche arbeitete sie täglich kreativ und beteuerte immer wieder, sie wolle 100 Jahre alt werden, ein Ziel, das sie nur knapp verfehlte. Und sie kümmerte sich um den Nachlass von Alfred Stieglitz. Dem Metropolitan Museum of Art wollte sie eine Serie seiner Fotos stiften. Als der Direktor der Grafischen Sammlung vorschlug, alle Passepartouts auf eine Größe zu beschneiden, damit die Bilder in die Museumskartons passten, war Georgia O'Keeffe strikt dagegen. Der Hinweis, man würde mit den Arbeiten von Rembrandt auch nicht anders verfahren, stieß bei ihr auf taube Ohren. »Nun«, gab sie spitz zurück, »Frau Rembrandt lebt ja auch nicht mehr.«

Wenn ich ein Stück Land besäße …

Schriftstellerinnen und ihre Liebe zur Natur

»Wenn ich ein Stück Land besäße, ich würde mir ein schönes Wäldchen von Ebereschen pflanzen.« Dieser Stoßseufzer von Else Lasker-Schüler lässt an das lieb gewordene Klischee von der empfindsamen Dichterin denken, die ihr Werk im blühenden Garten sitzend schreibt, oder wenigstens an einem Schreibtisch mit selbst gepflückten Blumen. Doch zwischen Schreiben und Gärtnern besteht ein wesentlich tieferer Zusammenhang: Der selbst geplante, angelegte und gepflegte Garten ist geradezu eine Metapher für das literarische Werk. Auch Roman, Drama oder Gedichtzyklus entspringen der Fantasie, auch sie bedürfen der Planung und einer detaillierten Kenntnis der (menschlichen) Natur. Sie sind Versuche, diese Natur zu verstehen, zu ordnen und ihr eine Form zu geben. Der Zeit, die im Roman vergeht und in der sich die Figuren entwickeln, entspricht der Verlauf der Jahreszeiten. Hier wie da bewundern wir die planvolle, kunstfertige Anlage und genießen doch nichts so sehr wie eine unvorhergesehene Wendung, das urwüchsige Detail. Garten wie Kunstwerk sind eine abgeschlossene, bessere Welt, in die man vor dem mühsamen Alltag flieht.

Dieser Zusammenhang ist vielen Dichterinnen und Dichtern bewusst gewesen. Beginnend mit dem Paradies des Alten Testaments, ist der Garten auf unzählige Arten zum Gegenstand von Dichtung oder zum literarischen Motiv geworden und darüber hinaus natürlich zum ganz realen Ort des Schaffens oder der Sehnsucht.

Im Folgenden wird das Phänomen der gärtnernden Dichterin oder der schreibenden Gärtnerin illustriert. Für die eine wird ihr Garten zum Gegenstand pathetischer Naturbeschwörung oder literarisch pointierter Sachtexte, für die andere zum Hintergrund imaginierter Kindheitserinnerung. Manchmal – wie bei Edith Wharton – ist er einfach nur der Lohn und Ausgleich für die Mühe des Schreibens, manchmal – wie bei Vita Sackville-West – das Allheilmittel gegen jede Art von Trübsinn, denn: »Gärtnern ist eine zutiefst hoffnungsvolle, optimistische Beschäftigung.«

BEATRIX POTTER
1866 – 1943

»Ich war überglücklich, das Land in Tilberthwaite kaufen zu können, und habe es dem National Trust vermacht.«

Beatrix Potter

Das geliebte Haustier von Beatrix Potter, der Hase Benjamin Bouncer, wurde zum bevorzugten Modell für ihre Kinderbuchillustrationen.

Als Beatrix Potter und William Heelis am 17. Oktober 1913 heiraten, ist die Braut 47 Jahre alt, der Bräutigam 42; für beide ist es die erste Ehe. Sie werden in Kensington ohne großen Aufwand getraut, und der Gesellschaftsklatsch weiß später von diesem wunderlichen Paar zu berichten, dass sie den Weg in das gemeinsame Leben mit einem weißen Bullenkälbchen im Fond ihres Wagens antraten.

Beatrix Potter gehört zu den wenigen Autorinnen, die mit dem Landleben ernst gemacht haben. Sie züchtete Schafe, hielt Schweine und Kühe. Doch nicht nur das: Sie wurde im Laufe der Zeit eine bedeutende Grundbesitzerin, die Farm um Farm, Cottage um Cottage kaufte. Vielleicht hatte diese Leidenschaft für den Besitz von Land mit den Widerständen zu tun, die ihre Familie dem Traum vom Leben auf dem Lande entgegenbrachte.

Geld war nicht das Problem. Die Eltern, Rupert und Helen Potter, waren ausgesprochen wohlhabend. Der Vater war Jurist, doch er übte seinen Beruf nicht aus – er bevorzugte den Müßiggang und lebte vom Vermögen seiner Vorfahren. Während die Mutter ihre Zeit auf Gesellschaften verbrachte, wurde die Tochter der Obhut von Gouvernanten und Hauslehrerinnen überlassen. Als Spielgefährten für das einsame Mädchen blieben nur die Haustiere: Beatrix hatte einen Hund und diverse Kaninchen, selbst gefangene Frösche und Molche, manchmal auch einen Igel oder eine Schildkröte. Sie spielte nicht nur mit ihnen, sondern zeichnete sie vor allem immer wieder und mit stetiger Hingabe.

Jedes Jahr im Juli wurde die ganze Menagerie in Körbchen und Kartons verpackt und zog mit der Familie in die Sommerfrische; einige Jahre lang immer ins schottische Hochland, dann in den Lake District. Wenn Beatrix nicht gerade ihre Hasen an der Leine spazieren führte, war sie mit Aquarellkasten und Zeichenheft auf den Bergwiesen und in den Bachgründen unterwegs. Blumen und Schmetterlinge, Raupen und Käfer – nichts war ihr zu unbedeutend, um Gegenstand ihrer Aufmerksamkeit zu sein.

Aus dem kränklichen Kind, das an Elfen und Geister glaubte, wurde eine flotte, selbstbewusste junge Frau, die mit ihrem Einspänner einen temperamentvollen Fahrstil pflegte. Ihre Tagebuchaufzeichnungen aus diesen Jahren sprechen für eine distanzierte, präzise Beobachtungsgabe und verraten den Blick der Künstlerin. Obwohl die Eltern ihre Tochter von jeder nennenswerten Bildung ferngehalten hatten, setzten sich ihr zeichnerisches Talent

1895 gründete ein Freund der Potters, der Vikar Canon Hardwicke Rawnsley, den »National Trust« zum Erhalt der ursprünglichen Landschaft und Kultur des Lake District – hier das Dorf Buttermere am Crummock Water bei Keswick um 1900.

und ihr unbändiger Forscherdrang durch. Ein Onkel, Sir Henry Enfield Roscoe, versuchte vergeblich, seine wissbegierige Nichte als Studentin in den Royal Botanic Gardens in Kew anzumelden; Frauen wurden dort damals noch nicht aufgenommen. Dabei war Beatrix weit mehr als eine begabte Dilettantin. Sie fertigte realistische und präzise botanische Zeichnungen und Aquarelle an, von denen sie hoffte, sie würden dereinst wissenschaftliche Bücher zu Fauna und Flora schmücken. Eine Arbeit über die Keimung von Sporen musste 1897 ihr Onkel der Linnean Society of London präsentieren, weil sie als Frau nicht vor der erlauchten Versammlung sprechen durfte. Erst 1997 veröffentlichte die Gesellschaft – reichlich spät, aber britisch korrekt – posthum eine Entschuldigung an Miss Potter.

Berühmt werden sollte sie mit ihren Zeichnungen und Geschichten für Kinder. 1890 sendet sie den Verlegern Hildesheimer und Faulkner Bilder von Hasen in Menschenkleidern – Benjamin Bouncer, ihr Kaninchen, hatte Modell gesessen. Als der Verlag sie als Postkartenmotive akzeptierte, spendierte sie dem Tier eine Extraportion Hanf – das schwer berauschte Kaninchen war daraufhin für ein paar Tage nicht mehr als Zeichenmodell zu gebrauchen. Die sechs Pfund Honorar aber waren der erste Schritt in die Unabhängigkeit.

Im viktorianischen England wurden die Mädchen für gewöhnlich früh unter die Haube gebracht. Eine traf immer das Los, unverheiratet zu bleiben und sich um die Eltern zu kümmern. Helen und Rupert Potter hatten ihrer einzigen Tochter früh klargemacht, dass sie von ihr die Erfüllung dieser Kindespflicht erwarteten. Sie hatte keine andere Wahl. Freiheit und Selbstbestimmung gegen den Willen der Eltern wären für eine ledige und folglich mittellose Frau nicht möglich gewesen. So führte sie den großen Haushalt ihrer Eltern, kümmerte sich in späteren Jahren um deren gesundheitliche Gebrechen und hoffte auf ein unabhängiges Leben, das in ihren Träumen immer ein Leben auf dem Lande war.

Inzwischen malte sie, beschwingt von ihrem Anfangserfolg, weiter Postkartenmotive: Mäuse und Meerschweinchen, Igel und Frösche, die Gefährten ihrer Kindheit. Doch den Durchbruch brachte erst »Die Geschichte von Peter Hase«. Ursprünglich für den kranken Sohn ihrer ehemaligen Hauslehrerin erdacht, waren die 8000 Exemplare der ersten Auflage binnen kurzem verkauft. Der beispiellose Siegeszug der kleinformatigen Kinderbücher von Beatrix Potter begann, der Geschichten vom Schweinchen Schwapp und Emma Ententropf, von der Ratte Bernhard Schnauzbart und Frau Tüpfelmaus.

1905 hatte sie genug Geld verdient, um sich endlich ein eigenes Haus kaufen zu können. Die Wahl fiel auf ein altes Farmhaus – Hill Top Farm in Near Sawrey an der schottischen Grenze. In der Nähe hatte sie mit den Eltern viele Jahre lang ihre Sommerferien verbracht. Für Beatrix Potter war der Lake District der Sehnsuchtsort ihrer Kindheit und Jugend, eine wildromantische Gegend und weit genug von London entfernt, damit sie endlich dem Bannkreis ihrer Familie entfliehen konnte. Doch diese Hoffnung erfüllte sich nicht: Noch immer bestand die Mutter energisch auf ihrer Anwesenheit, und nur mit ihrer Billigung konnte sich die Tochter, mittlerweile Ende 30, in die Bahn setzen und die 250 Meilen bis Near Sawrey fahren.

Auch bei den Arbeiten an ihrem neuen Heim – die Pläne für den Um- und Ausbau des Farmhauses hatte sie selbst entworfen – brachte man ihr zunächst wenig Respekt entgegen, trotz ihres Standes und Vermögens. »Ich hatte Streit mit dem Klempner«, schrieb sie an eine Freundin. »Er hat bis jetzt eigentlich gut gearbeitet, aber wenn er von einer Frau keine Anweisungen entgegennehmen will, dann

Beatrix Potter mit ihrem Schäfer und einem preisgekrönten Herdwick-Schaf. Man beachte den Hut und die kesse Geste der stolzen Besitzerin.

werde ich ihn hinauswerfen und mir einen anderen nehmen müssen.«

Zur Farm gehörten etwa 18 Hektar Land, Schweine und Kühe und ein Hof voller Federvieh. Um all dies kümmerten sich der Verwalter John Cannon und dessen Frau. Die Vermögensangelegenheiten regelte indessen William Heelis von der Anwaltskanzlei W. H. Heelis & Sons, der nach und nach ihr Vertrauter wurde. Er kam aus der Gegend, war ein fähiger Jurist und geachteter Mann und – ein schüchterner Junggeselle. Als er um ihre Hand anhielt, willigte sie ein, nicht zuletzt, um ihrem Status als unverheirateter Frau ein Ende zu bereiten, und aus einem »beklemmenden Gefühl der Einsamkeit« heraus, so gestand sie in einem Brief. Was wie eine Vernunftehe aussah, erwies sich indes als Glücksgriff. Auf dem Verlobungsbild sehen beide beinahe jugendlich aus, gleichsam überstrahlt von einer stillen Sanftmut: er schlank, jungenhaft und hoch gewachsen, sie eher füllig mit weichem Kinn und hellen Augen. Als Ehefrau konnte sie endlich ganz in den Lake District ziehen. Es war eine späte, glückliche Rückkehr in die Region, die sie als ihre wahre Heimat empfand.

Beatrix Potter war nun Mrs. William Heelis und hätte fortan das Leben einer aufs Land geflüchteten Intellektuellen führen können, zwischen Spaziergängen und Teegesellschaften mit der Beaufsichtigung des Personals beschäftigt – und mit einem damenwürdigen Hobby, denn Kindergeschichten schrieb und zeichnete sie nach wie vor. Doch sie hatte anderes vor.

Schon in den Pendlerjahren zwischen London und dem Lake District hatte sie begonnen, den Garten von Hill Top Farm – bis dahin nur ein kleiner, von einer Mauer eingefasster Küchengarten – völlig neu anzulegen. Sie ließ die alte Auffahrt verlegen, um mehr Platz zu gewinnen. Anfangs war sie entsetzt: »Überall Erdhaufen und neue Zäune. Die Arbeiten haben zweifellos eine deutliche Verbesserung bewirkt, aber alles sieht so schrecklich aus.« Dann aber nahm der neue Garten Gestalt an. Er umfasste jetzt vier Bereiche: eine Weide, Blumenrabatten, einen Obstgarten mit Apfel-, Pflaumen- und Birnbäumen und den alten Küchengarten. Die Unterteilung war dem natürlichen Profil des Terrains angepasst und vor allem den Witterungsbedingungen – und die waren eine Herausforderung an die Gärtnerin: Aus den Bergen in jener Gegend kommt ein zeitiger Frost, und von der nahen irischen See weht es stürmisch und nasskalt.

Selbst gegärtnert hatte die Hausherrin nie, aber jetzt kommen ihr ihre umfassenden botanischen Kenntnisse zugute. Noch aus den Sommern ihrer Kindheit und Jugend weiß sie

Das Wohnhaus der Hill Top Farm ist ein Prototyp des einfachen Farmhauses dieser Gegend. Beatrix Potter war nicht nur Gärtnerin und Schafzüchterin, sie sammelte auch regionaltypische Möbel und Hausgerät.

genau, welche Pflanzen im Lake District gedeihen. Sie pflanzt Flieder, Rhododendron und rote Fuchsien und sogar einige Rosen. Und sie ist sich nicht zu vornehm, die Hilfsbereitschaft ihrer Nachbarn in Anspruch zu nehmen. Beinahe aus jedem Garten im Dorf habe sie Pflanzen bekommen, berichtet sie damals begeistert. »An der Straße zur Fähre wohnt ein Steinhauer, der hat die schönsten Phloxe, die würden sich gut zwischen dem Lorbeer machen.« In ihren Beeten stehen Blumen und Gemüse scheinbar wild durcheinander. Wer sich je daran versucht hat, weiß, wie viel planvolle Umsicht notwendig ist, um Farbfülle und abwechslungsreiche Strukturen zu zaubern.

Die Vielfalt der Farben und Formen wurde begrenzt und strukturiert durch Mauern und Wege aus Schiefer, den Beatrix aus dem nahen Tilberthwaite-Steinbruch bezog. Die Pergolen und Spaliere wurden ländlich rustikal aus Eichenholz gefertigt, alles nach den Ratschlägen von Gertrude Jekyll, die erst ein paar Jahre zuvor den Cottage-Garten zur Kunstform erhoben hatte. Mit einem Mal war es en vogue, alte Häuser zu restaurieren und mit rustikalen Möbeln auszustatten. Lokales Handwerk, heimische Baustoffe und alte Handwerkstechniken kamen zu neuen Ehren.

Und so war es auch kein Zufall, dass Mrs. Heelis sich der Zucht einer aussterbenden Tierrasse widmete. Die sogenannten Herdwick-Schafe gibt es nur auf den Hochweiden des Lake District, sie sind kompakt und kurzbeinig und geben recht grobe Wolle. Sie baute eine große Herde auf, ihre Tiere gewannen schon nach wenigen Jahren in der Umgebung alle Preise bei Schaf-Schönheitskonkurrenzen, und sie selbst wurde Vorsitzende des Viehzüchter-Verbandes.

Beatrix Potter war eine streitbare Lady, die nicht nur um ihren Anteil am dörflichen Misthaufen kämpfte, sondern sich auch mehr und mehr in die Lokalpolitik einmischte. Denn die nahezu unberührte Landschaft des Lake District wurde für Investoren und Spekulanten interessant. Sie initiierte Bürgerinitiativen gegen Fabrik- und Hotelbauten und unterstützte den National Trust. Der war 1895 mit dem Ziel gegründet worden, Land im Namen der Regierung zu kaufen, um es vor Raubbau und Zersiedelung zu bewahren. Die berühmte Autorin war mittlerweile wohlhabend genug, um ganze Landstriche systematisch aufkaufen zu können – am Ende besaß sie fast 2000 Hektar im Herzen des Lake District, dazu mehr als zwei Dutzend Farmhäuser und Bauernhöfe – was sie alles testamentarisch dem National Trust vermachte. Aus der Sehnsucht nach einer privaten Idylle war der Kampf um den Erhalt einer bedrohten Landschaft geworden.

ELIZABETH VON ARNIM
1866 – 1941

»Ist nicht schlichte Lebensweise und hochgespanntes Denken besser als umgekehrt?«

Elizabeth von Arnim

Hätte Henning Graf von Arnim geahnt, dass er einst als »der Grimmige« in die Literaturgeschichte eingehen würde, er hätte seine englische Ehefrau Mary Anette von ihren literarischen Ambitionen abgehalten. Doch in dem Glauben, das kleine Büchlein »Elizabeth und ihr Garten« sei nichts als eine Laune seiner Gattin, verlangte er lediglich, dass der Familienname nicht auf dem Buchdeckel stehen dürfe. Und so erschien es 1898 in England unter dem Pseudonym »Elizabeth« – und verkaufte sich gleich im ersten Jahr in elf Auflagen. Überwältigt von diesem Erfolg, wird sich Mary Annette Gräfin von Arnim fortan Elizabeth von Arnim nennen.

»Elizabeth und ihr Garten« ist ein Hohelied auf die Wonnen des Landlebens, poetisch und scheinbar naiv, dabei voller Witz und Selbstironie – eine Sensation angesichts der mal pathetischen, mal treuherzigen Tonlage der Literatur des wilhelminischen Zeitalters: »Ich bin immer glücklich – im Freien, versteht sich, denn drinnen sind die Dienstboten und die Möbel. Im letzten Winter gab es sogar Tage, wo ich trotz meines Alters und meiner Kinder im Freien tanzte – natürlich nur hinter einem Busch, denn ich weiß, was sich gehört.« Als sie das schreibt, ist Elizabeth von Arnim gerade 30 Jahre alt, eine belesene, geistig unabhängige Frau. Die Tochter eines Reeders ist in Australien geboren und in England auf dem Lande aufgewachsen. 1889 lernt sie ihren zukünftigen Ehemann kennen, Henning August Graf von Arnim-Schlagenthin. Der preußische Landjunker erfüllt alle Klischees, die man seiner Kaste nachsagt: Er gebietet über ausgedehnte, aber ärmliche Ländereien und vereint Prinzipienfestigkeit mit Unbildung und Humorlosigkeit – ein denkbar unpassender Gefährte für die lebenslustige und unkonventionelle Engländerin.

Das wird ihr schnell und schmerzlich klar. Die frisch gebackene Gräfin von Arnim muss im hektischen Berlin der Gründerjahre ein großes Hauswesen führen. In drei Jahren kommen drei Töchter zur Welt. Dann streikt die junge Frau. Sie werde schon schwanger, wenn Henning in ihrer Nähe nur niese, sagt sie und verweigert den ersehnten Stammhalter. Fortan hängt der Haussegen schief.

Im März 1896 reisen die Arnims auf ihr Gut Nassenheide in die einsame Weite des Oderbruchs nahe Stettin. Und dieses Mal verliebt sich die junge Frau doch noch in ein preußisches oder vielmehr pommersches Klischee: Sand und Heide und Kiefernwälder bis zum Horizont. Sie weiß sofort – hier

Die um 1900 entstandene Fotografie zeigt zwei der Arnim-Töchter im Garten von Nassenheide und – wildromantisch und zugewachsen – das Gutshaus im Hintergrund.
unten: Gut Nassenheide auf einem Stich aus dem frühen 19. Jahrhundert.

will sie bleiben und leben wie eine englische Landlady, tags mit Rosenschere und Sonnenhut im Garten und abends mit einem Buch vorm Kamin. Der Gatte ist wenig begeistert, doch das heruntergekommene Gut mit seinen 3200 Hektar Ackerland braucht energische Führung, und so willigt er ein. Das Gutshaus stand 25 Jahre leer, und nach dem komfortablen Stadtpalais gibt es hier weder Elektrizität noch fließendes Wasser, dafür qualmende Torfkamine. Auch der Park rings ums Haus ist verwildert – aber was heißt Wildnis! Knorrige Eichen und ein Birkenwald, ein weit gereister Vorbesitzer hat Esskastanien und Tulpenbäume mitgebracht und einen Wall aus Flieder angepflanzt, fast eine Meile lang. Elizabeth ist entzückt.

Hinter dem romantischen Wildwuchs sieht sie den Garten ihrer Träume: Wo jetzt noch Löwenzahn und Wiesenschaumkraut blühen, wird sich ein gepflegter Rasen nebst Tennisplatz ausbreiten. Für die Beete vorm Haus wünscht sie sich Pracht und Fülle und ein Meer von Rosen – eine heikle Vision in der pommerschen Sandwüste. Und so kommt es, wie es kommen muss: Die ersten beiden Jahre gehen mit Rückschlägen hin. Den gelben Rosen ist es zu trocken, eine Kuhherde frisst die Nelken und Lilien, lediglich Azaleen und Wicken gedeihen.

Unverdrossen lässt sich die Hausherrin Gartenratgeber aus England schicken und dirigiert eine Handvoll Hilfskräfte. Ihr einziger Gärtner ist fast taub und dem Wahnsinn nahe. Anweisungen, die ihm widerstreben, überhört er einfach, und als die junge Gräfin gar verlangt, er solle die Pflanzung längs der Schnur aufgeben und stattdessen den Rittersporn in Gruppen setzen, zückt er seinen Revolver und muss in eine Nervenheilanstalt gebracht werden ... so jedenfalls berichtet sie es in »Elizabeth und ihr Garten«, dem Buch, das die ersten Monate auf Gut Nassenhausen dokumentiert.

Im Nachhinein ist nicht mehr auszumachen, was sich wirklich zugetragen hat und was der lebhaften Fantasie und der Fabulierlust der Gräfin entsprungen ist. Aber eines schildert sie glaubhaft: wie sie auflebt nach den verlorenen Jahren in der Stadt, wie die Natur ihrem Leben einen Sinn gibt, den die

freudlose Ehe ihr vorenthält. »Ich weiß gar nicht, wie ich die Liebe und die Schönheit und das Verbundensein beschreiben soll, das ich empfinde, sobald ich meinen Garten betrete, der für mich beinahe so etwas wie Gott geworden ist.«

Das Buch über ihren pommerschen Garten ist weder Roman noch Gartenratgeber und dennoch – oder gerade deswegen – ungeheuer erfolgreich. Neben seinen träumerischen Landschaftsbildern hat dazu der genaue und mitunter gnadenlose Blick hinter die Fassaden bürgerlicher Wohlanständigkeit beigetragen. Mit geradezu anarchischem Gestus beschreibt die gärtnernde Autorin die Zumutungen des Frauendaseins ihrer Zeit, das ewige Möbelabstauben, die brave Konversation und die zahllosen Schwangerschaften. Sie gibt sarkastische Kommentare ab zu der »heilsamen Sitte«, ungehorsame Frauen zu verprügeln und sie den Kindern und Schwachsinnigen gleichzustellen. Ohne die Figuren zu überzeichnen, erzählt sie von Ehepaaren, Pastoren, Gouvernanten und den klatschsüchtigen Provinzlerinnen. Dabei werden die Frauen nicht geschont. Sie seien selbst Schuld an ihrer Unmündigkeit, mit ihrer hohlen Putzsucht und geistigen Anspruchslosigkeit.

Erwartungsgemäß findet das pommersche Idyll sein Ende. Die Ehe scheitert. Elizabeth zieht nach England, um sich noch einmal unglücklich zu verheiraten und erneut zu trennen. Jahrelang hält sie für ihren hochrangigen intellektuellen Zirkel Hof in einem schweizerischen Chalet. Später wird sie, mit einem 30 Jahre jüngeren Liebhaber an ihrer Seite, die tragische Rolle der alternden Kokotte spielen, die besorgt ist um ihre schwindenden weiblichen Reize. Sie fühlt sich allein, wird von Depressionen heimgesucht. Ein Umzug an die Côte d'Azur bringt noch einmal Linderung. Doch als der Krieg ins Land rückt, flieht sie nach Amerika. Einsam zieht sie von Hotel zu Hotel und stirbt im Sommer 1941 in Charleston, South Carolina.

21 Romane hat sie hinterlassen. Zuerst war das Schreiben für Elizabeth von Arnim die Fluchtmöglichkeit vor den Anforderungen des Haushalts und der Familie, später ökonomische Notwendigkeit, Rache an Ex-Ehemännern und -Liebhabern, Therapie gegen Schicksalsschläge und Einsamkeit. Und am Ende muss sie sich eingestehen, dass sie den »Grimmigen« wohl zu gering geschätzt hat – nie wieder war sie so glücklich wie in ihrem pommerschen Garten.

SIDONIE-GABRIELLE COLETTE
1873 – 1954

*»Was für eine Königin der Erde ich mit zwölf war!
Stark, mit zwei Zöpfen, die um mich herumpfiffen wie
Peitschenschnüre, mit geröteten, zerkratzten Händen …«*

Sidonie-Gabrielle Colette

Kurz vor ihrem Lebensende, die berühmte französische Autorin Colette ist bereits von der Arthritis ans Bett gefesselt, macht ihr der Schweizer Verleger François Mermod ein außergewöhnliches Angebot: Er werde ihr regelmäßig einen Strauß Blumen schicken. Im Gegenzug solle sie literarische Blumenporträts liefern. Die alte Dame ist einverstanden. Binnen Kurzem entsteht »Pour un herbier«.

Die Heldinnen in »Colettes literarischem Garten«, wie eine deutsche Ausgabe des Büchleins treffend heißt, sind die Pflanzen selbst. »Jeanette«, wie man die Narzisse in Frankreich nennt, ist eine große Trinkerin, die das Wasser aus schwammigen Wiesen schlürft und Wassertümpel und Gräben trockenlegt. Die Christrose blüht tapfer im Winter als Versprechen auf den Frühling, als Kostbarkeit, als Überraschung. Und die Gardenie, ein verwöhntes Luxusgeschöpf aus dem gut geheizten Gewächshaus, hat keine andere Sorge, als sich mit ihrer duftenden Rivalin, der Tuberose zu messen.

Manchmal sind die Blumen denkende und fühlende Wesen, manchmal Anlass für eine literarische Betrachtung, etwa zu einem Sonett, das Balzac sich von Théophile Gautier über die Tulpe schreiben ließ. Vor allem aber sind sie sinnlicher Ausgangspunkt der Erinnerung an die eigene Kindheit, an die Mutter und an deren Garten. Die Glyzinie zum Beispiel ist für Colette eine Botin aus der Vergangenheit. Besucher hatten die blau blühende Ranke aus dem ehemaligen Garten ihrer Eltern mitgebracht, aus einem Dorf im Burgund. Jetzt liegt der Zweig mit der »unverkennbaren Gebärde« auf ihrem Krankenbett und erinnert sie an den Mai ihrer Kindheit, wenn die Kletterpflanze »mehr Bienen als Blumen trug, und dabei summte wie eine Zimbel«.

Von ihrer lebenslang verehrten und bewunderten Mutter Sidonie hatte Gabrielle, wie ihr richtiger Vorname lautete, nicht nur die Leidenschaft und den Eigensinn, sondern auch die Liebe zu Blumen geerbt: Sie könne sie leider nicht besuchen, da ihr rosa Kaktus demnächst blühen werde, hatte die Mutter ihr einmal geschrieben. »In unserem Klima blüht er nur alle vier Jahre. Ich bin schon eine sehr alte Frau, und würde ich jetzt verreisen, würde ich ihn gewiss nie wieder blühen sehen.« Colette hat den Brief in ihrer Autobiografie veröffentlicht und hinzugefügt: »Ich bin die Tochter der Frau, die diesen Brief schrieb!« Und wie um dies zu bekräftigen, schwelgt sie in Erinnerungen und schildert, wie sie sich als kleines Mädchen jeden Morgen um halb vier von der Mutter wecken ließ,

1921, als Emilie Charmy dieses Porträt malte, arbeitete Colette an dem Roman »Sidonie«. Die Hommage an die unkonventionelle, naturliebende Mutter wurde einer ihrer größten Erfolge.

gleich nach dem Aufstehen hinaus in die Natur lief, »wo alles noch blau und feucht und undeutlich« schlief, wie sie Beeren pflückte und Wasser an zwei verschiedenen Quellen trank: »Die eine schmeckt nach Eichenblättern, die andere nach Eisenkraut und Hyazinthe.« Pünktlich, wenn es zur ersten Messe läutete, kehrte sie nach Hause zurück.

Bei aller Verklärung war die Kindheit der Autorin zweifellos unbeschwert. Die Eltern waren Freidenker, die ihre Kinder ohne jeden Zwang aufwachsen ließen. Sie setzten sich über sinnentleerte Konventionen hinweg und lehrten sie die Liebe zur Natur – Prinzipien, die Colette bis an ihr Lebensende begleitet haben.

Als ihr Blumenbuch entstand, war sie schon die große alte Dame der französischen Literatur. Begonnen hatte sie als Trivialautorin und gefügige Ehefrau eines Salonlöwen und Frauenhelden, der ihre ersten Romane dreist unter seinem Namen veröffentlichte. Nach der Scheidung lebte sie unorthodox, manchmal skandalös, mit lesbischen Gefährtinnen und jüngeren Liebhabern, und trat beim Varieté mit Pantomime und Nackttänzen auf. Als engagierte Journalistin und auch als Romanschriftstellerin kam sie erst spät zu Ehren: Mit 72 Jahren nahm man sie als erste Frau in die Académie Goncourt auf. In ihren Romanen verarbeitete sie ihre Erfahrungen aus der Zeit am Varieté, schuf psychologisch einfühlsame Frauengestalten und erzählte freizügig von weiblicher Sexualität.

Die Beständigkeit und Muße, die für Hege und Pflege eines Gartens erforderlich sind, fehlten diesem Künstlerleben, das vor allem mit der modernen Großstadt, mit erotischen Eskapaden, Luxus und Tempo verbunden war. Eine Blumennärrin blieb Colette dennoch ihr Leben lang, auch wenn sie ihre Sträuße nicht im eigenen Garten pflücken konnte, sondern kaufen musste. Nicht von ungefähr stand Paris auch damals schon in dem Ruf, die romantische Stadt der Liebenden zu sein. Einzigartig in

Colette und ihr erster Mann Henry Gauthier-Villars, genannt Willy. Der Journalist und Salonlöwe erkannte das schriftstellerische Talent seiner jugendlichen Gemahlin und ließ sie die schlüpfrigen Claudine-Romane schreiben.

Europa, gab es dort gleich elf Märkte, auf denen ausschließlich Blumen verkauft wurden, und Colette war eine treue Kundin. Ihre Wohnung war immer verschwenderisch mit Sträußen dekoriert. Die Perfektion der Züchtungen allerdings wollte ihr nicht behagen; gleich im ersten Kapitel des Blumenbuches gedenkt sie mit Wehmut der Zeit, als die Rose noch ein liebenswert unvollkommenes Geschöpf war: »Hier ein wenig rostig, dort ein wenig angefressen, du hattest zu viele Blätter, Knospen wie Radieschen, eine kleine Schnecke am Stängel und so viele Dornen wie eine wehrbare Jungfrau.«

Die Alltagserfahrung ihrer Kindheit hatte sie vor billiger Romantik bewahrt; wie die Rose, so schreibt sie, gehöre auch die Lilie nicht vor den Altar oder in die Kristallvase, sondern eigentlich in den Gemüsegarten: Ein Beet Karotten oder einige schöne Lattichreihen, Estragon und Sauerampfer, violetter Knoblauch – das mache der Lilie Spaß. »Im Reich meiner Kindheit beherrschten ihr Glanz und ihr Duft den ganzen Garten.« So findet die Künstlerin als alte und kranke Frau zu dem Garten zurück, der früh ihr Leben geprägt hat. Sie gehöre, so schreibt sie, zu einem Land, das sie verlassen habe. Die Beschäftigung mit Blumen, ihre poetische Verwandlung, ihre mythologische Dimension, die Meditation über ihre Farben und Gerüche wird zu einer Autobiografie, deren Assoziationsreichtum keine Grenzen kennt.

Ein paar Hyazinthenzwiebeln zum Beispiel erinnern sie an die Zeit der Besetzung Frankreichs durch die Deutschen. Als Erkennungszeichen blühten damals auf den Fensterbrettern immer drei Stück der duftenden Kerzen – in den Nationalfarben Blau, Weiß und Rot. Und wenn es, wie in den Kriegsjahren, an Blumen mangelte, kaufte Colette botanische Lehrblätter, wo immer sie sie bekommen konnte – Kupferstiche, bei denen man noch die Staubfäden und die borstigen Härchen am Grunde des Blütenkelches nachzählen kann. Dabei bewies sie ein Faible auch für kuriose Ideen. So hatten es ihr vor allem die Abbildungen exotischer Pflanzen angetan, bei denen man nie genau weiß, ob hier nicht die Fantasie mit dem Botaniker durchgegangen ist, etwa wenn es dort heißt, dass man aus den Früchten des Lackee ein Frikassee zubereiten könne, das nach Kalbfleisch schmecke: »Bravo!« ruft sie aus. »Genießen wir den stärkenden Wein des Wunderbaren!«

EDITH WHARTON
1862 – 1937

»Ich bin ganz entschieden eine bessere Gärtnerin als Romanschriftstellerin, und dieser Ort, an dem jedes Detail meine eigene Arbeit ist, übertrifft mein letztes Buch bei weitem.«

Edith Wharton

Im Jahr 1901 steht Edith Wharton an einem Wendepunkt: Sie betritt gerade die literarische Bühne; ein Band Kurzgeschichten und ihr erster Roman sind erschienen. Aber als Autorin ist sie in der besseren Gesellschaft ein Kuriosum und intellektuell isoliert. Demnächst wird sie 40 werden. Ihre Ehe ist kinderlos geblieben und auch ansonsten ein Desaster – bei ihrem Mann tritt der Familienfluch, eine manische Depression, immer stärker zutage. Edith Wharton ist unglücklich und zugleich im Aufbruch. Sie muss etwas Befreiendes tun.

Der mit ihr befreundete Romancier Henry James hat einmal über sie geschrieben, ihre Energie würde »alle benebeln, zu Staub zermahlen, einkochen, völlig auslaugen«. Tatsächlich kauft sie – ohne ihren Mann – im Februar 1901 ein Grundstück von 46 Hektar in Lenox, Massachusetts und baut sich ein Haus. Sie nennt es »The Mount«, und schon im Sommer 1902 kann sie berichten: »Überall treibt es aus; nicht nur Kohl und Erdbeeren, sondern auch elektrische Kabel und Wasserleitungen.«

Das Haus im Stil der italienischen Renaissance wurde samt Innenausstattung von der Hausherrin weitgehend selbst entworfen. Für Edith Wharton waren die düsteren, vollgestopften Kabinette ihrer Zeit und ihrer Klasse nur Spiegel der steifen Konventionen, die sie in ihren Romanen so treffend schildert: das prüde, emotionslose Dasein der Upperclass in einer künstlichen Lebenswelt, inszenierter Schein statt Gefühl und Natürlichkeit. Ihre Figuren scheitern meist tragisch in dem Versuch, ihr Lebensglück innerhalb dieser Spielregeln zu finden, wie etwa in dem Roman »Das Zeitalter der Unschuld«, für den die Autorin den Pulitzerpreis erhielt.

Wer im Haus dieser Dichterin ein Arbeitszimmer, den Schreibtisch mit romantischem Blick auf den Garten sucht, wird enttäuscht. Lebenslang schreibt Edith Wharton ihre Prosa im Bett – vielleicht hätte sie die Aussicht nur abgelenkt. Auf der Sonnenseite zieht sich fast über die gesamte Hausbreite die Terrasse, von der aus eine Wiese mehrere hundert Meter weit bis zum Ufer des von Fichten gesäumten Laurel Lake abfällt. Dahinter thront das Panorama der Tyringham Mountains. Das Grundstück der Whartons ist fast völlig bewaldet, eine sanfte Hügellandschaft, durch die ein Bach mäandert. Die Gärten – sie liegen beidseits unterhalb der Terrasse – sind durch eine hundert Meter lange Lindenallee miteinander verbunden: Rechter Hand der »Giardino segreto«, der geheime Garten, zum Teil eingesenkt, von Mauern umgeben und überschattet von alten Bäumen. Im Zentrum der kreisförmig an-

Ein Garten, so Edith Wharton, sollte seinen Charme unabhängig von den Jahreszeiten entfalten können. Nach italienischem Vorbild setzt sie in ihrem »versunkenen Garten« auf das strukturgebende Mauerwerk und die architektonische Wirkung verschnittener Pflanzen.
rechts: Auch die Raumgestaltung von »The Mount« lässt die europäischen Vorbilder deutlich erkennen.

gelegten Blumenbeete blinkt ein schlichtes Wasserspiel. Das Gegengewicht bildet linker Hand der stilisierte Blumengarten, den die Hausherrin aus ihrem Schlafzimmerfenster sehen konnte – einen »orientalischen Teppich, der in der Sonne schwebt«, nannte sie ihn einmal.

Dieses Ensemble ist eine Illustration von Edith Whartons Italiensehnsucht, ihrer Verehrung der Renaissancearchitektur und der Liebe zu den italienischen Gärten des 16. und 17. Jahrhunderts. Wie einst die Adligen Nordeuropas absolvierten auch die vermögenden amerikanischen Bildungsbürger ihre Grand Tour durch Europa. Als Tochter einer wohlhabenden New Yorker Familie spielte Edith Wharton bereits als Vierjährige auf dem Palatin und in den Gärten der Villa Doria-Pamphili. Schon die Eltern reisten Jahr für Jahr in die »Alte Welt«, und auch später, mit ihrem Ehemann, fuhr sie jeden Sommer monatelang kreuz und quer durch Europa – vor allem aber immer wieder nach Italien.

Der literarische Ertrag ihrer Reisen sind das »Italienische Tagebuch« und eine Arbeit über »Italienische Villen und ihre Gärten«. In diesen glanzvollen Essays, getragen von der Gestaltungskraft einer großen Autorin, handelt sie wie nebenbei die europäische Kulturgeschichte ab. Die Landschaft Italiens ist in ihren Augen »... die Komplizin der erlesensten Vorstellungen des Menschen« und im Verein mit der Architektur, den Gärten, den Kunstwerken der Inbegriff einer »Kulturlandschaft«.

Die New Yorker Patrizierfamilie, der Edith Wharton entstammt, hatte seit immerhin 300 Jahren am Hudson River ihre Wurzeln geschlagen. Einer ihrer Vorfahren, Ebenezer Stevens, war Mitstreiter General Lafayettes und einer der Köpfe der Boston Tea Party – und damit gewissermaßen amerikanischer Hochadel. Dennoch hat die Autorin das Empfinden, in Amerika nicht wirklich heimisch zu sein. Die Kultur, der sie sich verbunden fühlt, ist europäisch. Die Geschichtsvergessenheit der Neureichen, der vulgäre Protz und die architektonische Barbarei der Vanderbilts und Astors sind für sie eine Zumutung.

Mit ihrem Haus und Garten versucht sie das Unmögliche: Sie will ihrer Sehnsucht nach der Kultur des »Alten Europa« Form und Gestalt geben und sich zugleich in Amerika verwurzeln. Sie will einen Ort schaffen, ähnlich den Renaissancepalästen der Toskana, der dem Fluss der Zeit, dem Kommen und Gehen der Generationen standhalten kann. Als sich Edith Wharton daranmacht, die Gärten von »The Mount« zu entwerfen, bekommt sie fachkundige Hilfe aus der Familie. Ihre Nichte Beatrix Farrand teilt mit ihr nicht nur die Herkunft, sondern auch die Vorliebe für europäische Gartenarchitektur. Doch sie wissen: »Eine Marmorbank hier, eine Sonnenuhr da – das sind nur ›italienische Effekte‹.« Einen italienischen Garten könne man nicht im wörtlichen Sinne nachahmen, sondern nur in seinem Geist – durch regionaltypische Bepflanzung, die die Anlage perfekt einpasst in ihre Umgebung. Die beiden nutzen für ihren Entwurf das natürliche Profil, sie wählen einheimische Blumen, Sträucher und Bäume, gestalten fließende Übergänge in die offene Landschaft und verwenden dennoch die Grundstrukturen und Gestaltungselemente der italienischen Gartenarchitektur.

So zufrieden sie selbst ist – »Ich liebe meinen Garten, die Bäume, die Blumen, aber vor allem die stillen Abende auf der Terrasse« –, der Traum vom dauerhaften Zuhause erfüllt sich nicht. Immer nur für wenige Wochen kann Edith Wharton ihre Freunde in Lenox um sich versammeln oder konzentriert arbeiten. Dann wieder flieht sie rastlos auf Reisen oder muss sich im Sanatorium erholen. Nach der Trennung von ihrem Mann verkauft sie das Haus und übersiedelt nach Europa. »The Mount« sei ihr erstes wirkliches Heim gewesen, schreibt sie in ihrer Autobiografie, »und obwohl es 20 Jahre her ist, seit ich es zum letzten Mal gesehen habe, (da ich dort zu glücklich war, um als Fremde zurückzukehren) lebt sein segensreicher Einfluss in mir fort«. Für sie blieb das Haus immer ein Symbol ihres Erfolges, ihrer Kreativität und Unabhängigkeit. Und es ist bis heute ein Beispiel dafür, wie sich das amerikanische Großbürgertum seiner kulturellen Wurzeln in Europa erinnert.

VITA SACKVILLE-WEST
1892–1962

*»Wenn wir die Idee nicht bis ins Endlose ausreizen,
dann ist es ein unterhaltsames Experiment,
einen einfarbigen Garten anzulegen.«*

Vita Sackville-West

Hätte man Vita Sackville-West gefragt, ob sie eher eine gärtnernde Schriftstellerin oder eine schreibende Gärtnerin sei, die Antwort wäre eindeutig gewesen: Ihre Liebe und ihr Ehrgeiz galten in erster Linie der Literatur. In den Dreißigerjahren des 20. Jahrhunderts schrieb sie populäre Gesellschaftsromane wie »The Edwardians«, »All passion spent« oder »Family history«. Doch gegründet war ihr literarischer Ruhm auf ein Gedicht: »The Land« erschien 1926, ein Poem von 2500 Zeilen, eine Hymne auf das einfache bäuerliche Leben und die Schönheit ihrer Heimat Kent. Die zeitlos schlichten Verse im Stile Vergils zeichnen poetisch den Kreislauf der Natur und die Mühsal der einfachen Leute: wie das Jahr übers Land zieht, wie im ersten Licht der Bauer das Korn in breitem Schwung überm Feld auswirft, wie der Schäfer den verirrten Lämmern nachgeht und sich unterm Gewitter ernteschwer die Ähre neigt.

Victoria Mary Sackville-West hatte genügend Abstand zum harten Landleben, um es derart poetisch verklären zu können. Knole, das angestammte Schloss ihrer Familie, ist einer der grandiosesten Herrensitze Englands. Der 1892 geborenen einzigen Tochter des Dritten Barons Sackville, der seine Dynastie bis auf Wilhelm den Eroberer zurückführen konnte, wurde die damals für Mädchen übliche Mischung aus Privatunterricht und Vernachlässigung zuteil. Ausgestattet mit einem knabenhaft wilden Temperament, war sie von der Mutter wenig geliebt und häufig sich selbst überlassen. Ihr unbändiger Freiheitsdrang ging mit einer aufrichtigen Liebe zur Natur einher.

»Dies Land, es greift nach meinem Herz/Bezaubert jeden, der versteht zu sehn/Nicht nur, was ihm vor Augen liegt, nein auch das Geahnte:/Den Frühling,/der den Wald durchflutet und/die Blätter sprenkelt mit Licht …«

– heißt es in »The Land«, ihrer Hommage an das bäuerliche Kent, die immer wieder aufgelegt wurde und schließlich den Status von einer Art nationaler Hymne erreichte; im Zweiten Weltkrieg wurde sie sogar in der Kathedrale von Liverpool als Litanei zelebriert. Doch schon zu Lebzeiten verblasste der literarische Ruhm von Vita Sackville-West – er wurde verdrängt von den zahllosen Klatsch- und Skandalgeschichten, die über sie kursierten: Eine blaustrümpfige Femme fatale sei sie gewesen, eine hochfahrende Aristokratin mit Hang zu langen Perlenketten und schnellen Autos. Ein schnurrbärtiges Mannweib außerdem, in Reithosen und Schaftstiefeln, eine Lesbierin mit zahllosen Liebesaffären, die

Diese von Edwin Lutyens eigens für Vita Sackville-West entworfene Bank ist heute als »Sissinghurst-Bank« bekannt. rechts: Blick über den Rosengarten zum Priest's House.

mit ihrem bisexuellen Mann eine bizarre Ehe führte. Jede einzelne ihrer Eskapaden wurde genüsslich dokumentiert, ihr Leben wurde Thema von Filmen und Büchern, und was von ihrem Werk noch lebendig geblieben war, trat immer mehr hinter dem ihrer berühmten Freundin Virginia Woolf zurück.

Doch ungeachtet allen sensationslüsternen Geredes über ihren unorthodoxen Lebensentwurf, bleibt ihr großes Verdienst, einen der schönsten Gärten Englands geschaffen zu haben: Sissinghurst Castle Garden, etwa 60 Kilometer südlich von London gelegen. Im Frühjahr 1930 hatten Vita und ihr Mann, der Diplomat Harold Nicolson, Sissinghurst zum ersten Mal besucht. Das Schloss oder vielmehr das, was davon noch übrig war, erwies sich als eine Ansammlung romantisch verfallender Ruinen. Von dem einst prachtvollen Ensemble aus elisabethanischer Zeit war nur ein schlanker, freistehender Doppelturm geblieben. Davor, einem lang gezogenen Riegel gleich, stand das ehemalige Stallgebäude, und zwischen Schutthaufen und Mauerresten fanden sich noch zwei halbwegs intakte Cottages, gekreuzt von Wegen, die nirgendwohin führten. »Eine schlafende Schönheit« sei die Anlage gewesen, als sie sie zum ersten Mal sah, sollte Vita später schreiben. »Der Ort ... berührte mein Herz und meine Fantasie augenblicklich. Ich sah, was man daraus machen konnte.«

Es war Liebe auf den ersten Blick, und so zögerten sie nicht lange, unterschrieben den Kaufvertrag und schritten schon bald zur Tat. Die Lebensbereiche der Familie auf die vier freistehenden Gebäude zu verteilen war eine ungewöhnliche Entscheidung: Vitas Arbeitszimmer wurde im Turm eingerichtet, das ihres Mannes im South Cottage, die Bibliothek kam in den ehemaligen Stall. Die Knaben Nigel und Benedict zogen in das verbliebene Cottage, wo auch das Esszimmer nebst Küche untergebracht wurde.

Noch in der Umbauphase, als die Familie an den Wochenenden in der unteren Etage des Turmes kampierte, begann das Ehepaar für das drei Hektar große Gelände eine Neugestaltung zu entwerfen. »Harold muss in seinem früheren Leben Gartenarchitekt gewesen sein«, schwärmte Vita später. »Er verfügt über einen angeborenen Sinn für Symmetrie und über ein geniales Talent, einem widerspenstigen Gelände Brennpunkte und lange Blickachsen abzutrotzen, ein Talent, das mir völlig abging.« Harold vermerkte – weniger wohlwollend – Meinungsverschiedenheiten: Als er den Mittelweg im Gemüsegarten ausmaß, habe sich Vita strikt geweigert, »bei unserer Entscheidung zu bleiben, die elenden kleinen Bäume zu entfernen, die meinem Entwurf im Wege stehen. Ihre romantische Veranlagung behindert wie üblich die klassische.« Der Ehemann war gewissermaßen für die große Linie zuständig. Er zog

die Wege neu – schnurgerade Achsen von Nord nach Süd und von West nach Ost. Die Flächen im Karree der Wege wurden »Gartenzimmer« genannt, eine logische Konsequenz, wenn wir sie uns als Verbindung zwischen den weit verstreuten Wohn- und Arbeitsräumen der Familie denken. An das Priest's House zum Beispiel grenzt der berühmte »Weiße Garten«, gewissermaßen eine Erweiterung des Esszimmers: von Buchs eingefasste Beete umgeben eine Eichenlaube, umrankt von Glyzinien und Wein, ein schattiger Platz für sommerliche Teestunden.

Alle diese Gartenräume sind begrenzt, entweder von hohen Ziegelmauern, von Eibenhecken, einer Lindenallee oder einfach einem Gebäude. Wenn Nicolson etwa von seinem Arbeitszimmer im South Cottage zur Bibliothek gehen wollte, nahm er den Weg durch den Cottage-Garten. Vita hatte ihn in Harolds Lieblingsfarben bepflanzt, in leuchtenden Gelb-, Orange- und Rottönen. Es gab einen Rosengarten, einen mit Ziergehölzen und einen Nutzgarten für Kräuter und Gewürze. Und obwohl die Gesamtanlage von Sissinghurst sehr weitläufig ist, entstand durch diese Aufteilung genau der »Garten von intimem, ja privatem Charakter«, den die Besitzer sich wünschten.

Wie Vita sich die Ausgestaltung der »Gartenzimmer« vorstellte, hat sie selbst beschrieben: Ein Durcheinander von Rosen und Geißblatt, Feigen und Wein habe sie gepflanzt, innerhalb der Nüchternheit von Nicolsons Linienführung müsse dieser

Der Turm ist das einzige Relikt des Schlosses aus elisabethanischer Zeit. Dort hatte die Hausherrin ihr Arbeitszimmer eingerichtet, das von niemandem sonst betreten werden durfte.

romantische Ort auch romantisch behandelt werden. »Meine Vorliebe für Üppigkeit und Großzügigkeit im Garten gehört zu meiner Gartenphilosophie. Ich verabscheue alles Knausrige und Schäbige ...«

Sie pflanzte Dahlien, obwohl diese damals als gewöhnlich galten, sie entdeckte die Schönheit alter Strauchrosen und experimentierte mit billigen Blumenmischungen aus dem Supermarkt. Sie tauschte Ableger mit Freunden und Unbekannten und hatte ein großes Gewächshaus für die Nachzucht.

Ihr ganzes Leben lang hielt sie die Waage zwischen Bodenständigkeit und snobistischem Standesbewusstsein. So kaufte sie nach und nach im Umland von Sissinghurst über tausend Hektar Wald und Felder hinzu, um, wie sie einmal sagte, bei ihren täglichen Spaziergängen den eigenen Grund und Boden nicht verlassen zu müssen. Harold verbrachte derweil die meiste Zeit in London. Inzwischen weniger politisch als schreibend aktiv, verdingte er sich als Journalist und Verfasser von Sachbüchern. Vita hingegen blieb auf dem Land und arbeitete unermüdlich – vor allem nachts – in ihrem Turmzimmer. Fast 50 Romane hat sie hinterlassen, darüber hinaus ein umfangreiches lyrisches Werk. Ihr Tagebucheintrag »ruhige Tage in Sissinghurst« avancierte bald zu einem Familienwitz. Aus der mondänen umtriebigen Lady war eine Landpomeranze geworden – bei jedem Wetter mit Cordhose und Schnürstiefeln im Garten.

Natürlich lag sie nicht selbst auf den Knien im Beet. Wenn sie auch immer gern mit Rosenschere und Pflanzschaufel im Garten unterwegs war, die Hauptarbeit hatten die Gärtner. Ab 1939 war Jack Vass ihr Obergärtner. Sie schätzte ihn, auch wenn seine Ordnungsliebe immer wieder mit ihrer Neigung kollidierte, die wild wuchernden Blumen sich selbst zu überlassen. Je nach Kassenlage wurden diverse Hilfsgärtner angestellt und immer wieder neue Projekte in Angriff genommen. Im Laufe der Jahre haben Vita Sackville-West und Harold Nicolson fast alle Einnahmen aus ihrer schriftstellerischen Arbeit in der lehmigen Erde von Sissinghurst vergraben.

Dann brach der Krieg aus, und Entsetzen begann sich wie Mehltau über Leben und Schreiben zu legen. Die Gärtner wurden zur Armee eingezogen, die Natur eroberte sich die wohlgepflegte Anlage unaufhaltsam zurück. Doch gleich nach Kriegsende wurde sie in einem Kraftakt wiederhergestellt. Vita Sackville-West gab die Arbeit an Lyrik und Prosa beinahe vollständig auf und widmete sich fortan ihrer Gartenpassion: Von 1946 bis kurz vor ihrem Tod 1962 schrieb sie eine wöchentliche Kolumne in der renommierten Zeitung »Observer«; schon 1933 hatte sie begonnen, in einer eigenen Hörfunksendung bei der BBC über Themen rund ums Gärtnern zu plaudern. Ihre Ratschläge – fachkundig, engagiert, oft mit einem Schuss Ironie – hatten den Vorteil, dass sie alles selbst ausprobiert hatte.

Die Gartenkolumnen gibt es noch heute als gebundene Sammelwerke. Auf Hunderten von Seiten ist dort nachzulesen, wie originell und schwerelos die Autorin das Gespräch mit ihren Hörern und Lesern gepflegt hat, vertraulich und stets voller Poesie. »Ich will noch mal auf den Ginster zurückkommen, und zwar möchte ich über die blasseren Sorten schreiben, die weißen, die jungfräulichen, die mondscheinfarbenen, die selbst dann noch nach Mondschein aussehen, wenn die Sonne längst im Zenit steht.«

Doch bei Vita Sackville-West ist der Gärtner zuweilen auch der Mörder, etwa wenn sie beschreibt, wie man am Morgen die Kadaver der nächtens hingemeuchelten Schnecken einsammelt oder gelassen die Wirkung einer Portion Unkrautgift abwartet: »Statt allein schlecht gelaunt und von murrendem Ischias geplagt mit einem abgebrochenen Küchenmesser auf allen vieren auf dem Rasen umherzukriechen, können Sie jetzt lässig hin und her spazieren und dabei mit einer Gießkanne Tod verteilen, während sie sich mit den Freunden unterhalten, die zum Tee gekommen sind.«

Zum Tee kam 1953 sogar die frisch gekrönte Königin Elisabeth II. – nachdem sie den Garten bewundernd gewürdigt hatte. Für Besucher geöffnet war Sissinghurst Garden da schon seit 15 Jahren, und die Enthusiasten strömten in Scharen herbei. Vita nannte sie »The Shillings«, weil jeder einen Schilling Eintritt berappen musste, ausgenommen natürlich Ihre Majestät. Auf die Dauer bot dies eine nicht unbeträchtliche Einnahmequelle. Derart heftig war schließlich der Andrang, dass es im verschlafenen Dörfchen Sissinghurst sogar Verkehrsstaus gab.

Bis zu 200 000 Besucher kommen heute pro Saison zwischen Mitte März und November, um den Garten der Frau zu bewundern, die 1955 von der Royal Horticultural Society für ihre Sachkenntnis sogar eine Goldmedaille erhielt – »eine der höchsten Auszeichnungen, die man in der Sträucherwelt bekommen kann«, wie die Geehrte damals spitz notierte. Die Graswege mussten inzwischen einem solideren Ziegelbelag weichen, es gibt ein Besucherzentrum und ein Café, ansonsten ist die Anlage – inzwischen im Besitz des National Trust – nahezu unverändert. Nur Kenner bemerken, dass es mittlerweile fast zwei Drittel mehr Pflanzensorten gibt als noch vor 40 Jahren. Die Neuzüchtungen wurden in den ursprünglichen Entwurf integriert. Und es spricht für das gärtnerische Genie von Harold Nicolson und Vita Sackville-West, dass die Anlage im steten Wandel nichts von ihrem Charme eingebüßt hat.

Gabriella Pape und Isabelle Van Groeningen

*»Spannung entsteht da,
wo die Natur auf eine gerade Linie trifft.«*

Als Gabriella Pape die romantisch verfallenen Gewächshäuser der ehemaligen Gartenlehranstalt in Berlin-Dahlem sah, stand fest: Hier würde sie ihren Traum von einer modernen Gartenakademie endlich verwirklichen können. 1823 hatte der berühmte Generalhofgartendirektor des preußischen Königs, Peter Joseph Lenné, in Potsdam-Wildpark die erste Ausbildungsstätte für Gartengestaltung in Europa geschaffen, die dann 1903 auf das Terrain gegenüber dem Botanischen Garten zog. Aus dieser Institution, die mehrmals ihren Namen änderte, gingen große Landschaftsgärtner und -gestalter wie Willy Lange, Hermann Mattern und Herta Hammerbacher hervor. Bis in die Dreißigerjahre des 20. Jahrhunderts blühte die Gartenkunst in Deutschland. Nach dem Zweiten Weltkrieg von verschiedenen Betreibern gartenbaulich genutzt, wurden die Gewächshäuser der Akademie seit den Siebzigerjahren nicht mehr instand gehalten.

Eine hervorragende Ausbildung genoss auch Gabriella Pape: Sie lernte ihr Metier am Royal Botanic Garden in Kew. Als sie sich für das Studium in England bewarb, durfte von jährlich 16 zugelassenen Studenten nur einer aus dem Ausland kommen. Bis zum späten Nachmittag rackerte man in den Gewächshäusern, abends standen Vorlesungen auf dem Programm, und in den Semesterferien sammelte die Architektentochter, die schon als kleines Mädchen

und Van Groeningen ihre größten Erfolge. So erhielten sie 2007 auf der Chelsea Flower Show, einer der bedeutendsten Gartenschauen weltweit, eine Silbermedaille für ihre Neuinterpretation des unter anderem mit Salvien, Nelkenwurz und Akelei bepflanzten Senkgartens des renommierten Gärtners Karl Foerster. Auch er war ein Absolvent der Lehranstalt in Dahlem und hatte diesen Garten ab 1911 neben seinem Wohnhaus in Bornim bei Potsdam angelegt. In der königlichen Gartenakademie in Berlin wollen Pape und Van Groeningen mit einem Angebot von Vorträgen und Kursen die deutsche Gartenkultur endgültig aus ihrem Dornröschenschlaf wecken.

Claudia Lanfranconi

links: Isabelle Van Groeningen und Gabriella Pape auf der Chelsea Flower Show 2007.
oben: Der historische Mittelgang mit berankten Spalieren, fotografiert um 1908.
unten: Heute entsteht dort mit einem Café das kommunikative Herz der Anlage.

lieber mit Gießkannen als mit Puppen und Autos gespielt hatte, Erfahrungen im Botanischen Garten von Florenz und machte sich mit der exotischen Flora und Fauna von Chile vertraut. Seit 1992 führt Gabriella Pape zusammen mit ihrer Partnerin Isabelle Van Groeningen, ebenfalls Kew-Absolventin, die Firma Land Art. Pape ist für die architektonische Anlage der Gärten zuständig, Van Groeningen für die Bepflanzung im Detail. Zu den großen Vorbildern der beiden erfolgreichen Unternehmerinnen, die für Villenbesitzer und Schlossherren entwerfen, gehören die Grandes Dames der englischen Gartenbaukunst, Vita Sackville-West und Gertrude Jekyll. Diese konnten damals lediglich auf ein Drittel der heute bekannten Staudensorten zurückgreifen, um ihre malerischen Beete zu gestalten. Die Tradition mit neuen Trends zu verbinden, damit feiern Pape

DEUTSCHLAND

Felsengarten Sanspareil
Haus Nr. 29
96197 Wonsees
Telefon: (0 92 74) 9 09 89 06
www.schloesser.bayern.de

Fürst-Pückler-Museum Park und Schloss Branitz
Robinienweg 5
03042 Cottbus
Telefon: (0355) 7 51 50
www.pueckler-museum.de

Fürst-Pückler-Park Bad Muskau
Orangerie
02953 Bad Muskau
Telefon: (035771) 520 10
www.muskauer-park.de

Königliche Gartenakademie
Altensteinstraße 15 a
14195 Berlin-Dahlem
Tel.: (030) 39 50 15 57
www.koenigliche-gartenakademie.de

Park Sanssouci
Maulbeerallee
14469 Potsdam
Telefon: (0331) 969 42 02
www.sanssouci-sightseeing.de

ENGLAND

Beth Chatto Gardens
Elmstead Market Colchester
Essex CO7 7DB
Telefon: +44 (0)12 06 82 20 07
www.bethchatto.co.uk

Hestercombe House
Cheddon Fitzpaine
Taunton Somerset TA2 8LG
Telefon: +44 (0)18 23 41 39 23
www.hestercombegardens.com

Hill Top Farm
Near Sawrey
Ambleside LA22 0LF
Telefon: +44 (0)15 39 43 62 69
www.visitcumbria.com/amb/hilltop.htm

Munstead Wood Garden
Heath Lane
Busbridge Godalming
Surrey GU7 1UN
Telefon: +44 (0) 14 83 41 78 67

Sissinghurst Garden
Cranbrook
Kent TN17 2AB
Telefon: +44 (0) 15 80 71 07 01
www.nationaltrust.org.uk/sissinghurst

FRANKREICH

Château d'Anet
28260 Anet
Telefon: +33 (0) 2 37 41 90 07
www.chateaudanet.com

Château de Chenonceau
37150 Chenonceaux
Telefon: +33 (0) 2 47 23 90 07
www.chenonceau.com

Château de Versailles
Ile-de France
78008 Versailles
Telefon: +33 (0) 810 81 16 14
www.chateauversailles.fr

Parc de Malmaison
Musée national du château de Malmaison
Rue du Château
92500 Malmaison
Telefon: +33 (0) 1 41 29 05 57
www.chateau-malmaison.fr

ITALIEN

Parco dei Mostri
Bomarzo bei Viterbo
Telefon: +39 (0) 761 92 40 29
www.parcodeimostri.com

SCHWEDEN

Schloss Drottningholm
17802 Drottningholm
Telefon: +46 (0) 84 02 62 80
www.royalcourt.se

SPANIEN

Parque del Capricho
Avenida Alameda de Osuna s/n°
28042 Madrid
Telefon: +34 (0) 915 88 01 14
www.munimadrid.es

AMERIKA

Dumbarton Oaks
1703 32nd Street, NW
Washington, D.C. 20007
Telefon: +1 (0) 20 23 39 64 01
www.doaks.org

The Mount
2 Plunkett Street
Lenox, Massachusetts
01240-0974
Telefon: +1 (0) 41 35 51 51 11
www.edithwharton.org

CHINA

Yuan Ming Park
28 Qinghua West Road
100084 Beijing
Telefon: +86 (0) 10 62 62 85 01

Register

I/J

K

L

M

N

O

P

Q/R

S

T

V

W

X/Y

Bildnachweis

Umschlagabbildung vorne: Gestaltung von Kuni Taguchi nach einem Porträt Vita Sackville-Wests von William Strang, Lady with a Red Hat/Glasgow Museums/The Bridgeman Art Library

S. 4/5 Max Baer, Bäuerin im Gemüsegarten, um 1900, Bayerische Staatsgemäldesammlugen/ Artothek
S. 8 Edward Burne-Jones, Pomona, Wandteppich von Morris & Co., 1885/Harris Museum and Art Gallery, Preston, Lancashire, England/The Bridgeman Art Library
S. 9 akg-images
S. 10 Private Collection/Accademia Italiana, London, England/ The Bridgeman Art Library
S. 11 British Library, London, England/British Library Board/ The Bridgeman Art Library
S. 12 Musée Conde, Chantilly, Frankreich/Giraudon/ The Bridgeman Art Library
S. 13 akg-images
S. 14 Waterperry School of Horticulture
S. 15 The Fine Art Society, London, England/The Bridgeman Art Library
S. 16/17 Hermitage, St. Petersburg, Russland/The Bridgeman Art Library
S. 18 oben links: Javier Segura/ www.palmerasyjardines.com; oben rechts: Antoine Pesne, 1743/Gripsholm Castle, Sweden/Alfredo Dagli Orti/The Art Archive; unten links: Katharina de Medici, Kupferstich nach Substermans, koloriert/ Interfoto/Sammlung Rauch; unten rechts: akg-images
S. 20 siehe S. 18 unten links
S. 21 State Collection, Frankreich/ The Bridgeman Art Library
S. 22 oben: Hervé Champollion/ akg-images; unten: Privatbesitz
S. 23 Louvre, Paris, Frankreich/ The Bridgeman Art Library
S. 24 Antoine Pesne, 1740/ akg-images
S. 26 siehe S. 18 unten rechts
S. 28 Johann Thomas Köppel, Sanspareil, Ruinen- und Grottentheater, Kupferstich, 1748/Bayerische Verwaltung der staatlichen Schlösser, Gärten und Seen
S. 29 Sacro Bosco di Bomarzo, Lazio, Italien/Sally Greene/ The Bridgeman Art Library
S. 30 Hubert Vos, 1905/ akg-images
S. 31 Bruce Connolly/akg-images
S. 32/33 Bruno Perousse/ akg-images
S. 34 siehe S. 18 oben rechts
S. 35 Bildarchiv Monheim/ akg-images
S. 36 RMN/Hervé Lewandowski/ bpk
S. 37 Bengt Olof Olsson/dpa
S. 38 Francisco de Goya, Der Herzog von Osuna und seine Familie, Detail: Herzogin von Osuna, 1788, Prado Museum Madrid, Spanien/ ullstein bild
S. 40/41 Javier Segura/ www.palmerasyjardines.com
S. 42 Zeitgenössische Fotografie um 1852/Stiftung Fürst-Pückler-Museum Park und Schloß Branitz
S. 44 Dietmar Katz/bpk
S. 45 Kunstbibliothek, SMB/Knud Petersen/bpk
S. 46 oben links: Mallett Gallery, London, England/The Bridgeman Art Library; oben rechts: Tessa Traeger/National Portrait Gallery, London; unten links: Kew Lady Gardeners, 1898/Royal Botanic Gardens, Kew; unten rechts: Hestercombe House, Somerset, England/The Bridgeman Art Library
S. 48/49 Royal Botanic Gardens, Kew
S. 50 oben: Royal Horticultural Society/Lindley Library; unten: National Portrait Gallery, London
S. 51 Victoria & Albert Museum, London, England/The Bridgeman Art Library
S. 52 Sir William Nicholson, 1920/ National Portrait Gallery, London
S. 53 siehe S. 46 oben links
S. 54 oben: siehe S. 46 unten rechts; unten: Privatbesitz
S. 55 Hestercombe House, Somerset, England/The Bridgeman Art Library
S. 56 oben: Royal Horticultural Society/Lindley Library; unten: akg-images
S. 57 oben/mitte: akg-images; unten: Tate Gallery, London
S. 58 siehe S. 46 unten links
S. 59 Valerie Finnis/Royal Horticultural Society/Lindley Library
S. 60 East Sussex Country Libraries
S. 61 Valerie Finnis/National Portrait Gallery, London
S. 62 Dumbarton Oaks, Research Library and Collection, Washington, DC
S. 64 Bildarchiv Monheim/ akg-images
S. 65 Kelly-Mooney Photography/ Corbis
S. 66 Garden Picture Library/ Photolibrary Group
S. 68 The Beth Chatto Gardens
S. 69 siehe S.46 oben rechts
S. 70 oben links: Privatsammlung; oben rechts: Österreichische Nationalbibliothek, Wien/The Stapleton Collection/The Bridgeman Art Library; unten links: akg-images; unten rechts: A. Roslin, The Artist

Anne Vallayer-Coster, 1783/ The National Museum of Fine Arts, Stockholm
S. 72 Private Collection/ By courtesy of Julian Hartnoll/ The Bridgeman Art Library
S. 75 William Morris/Rhodes House, Oxford
S. 76 siehe S. 70 oben rechts
S. 78/79 Private Collection/Whitford Fine Art, London, England/ The Bridgeman Art Library
S. 80 François Gerard, um 1808, Rueil-Malmaison, Musée National du Château/akg-images/Visioars
S. 81 akg-images
S. 82 RMN/Daniel Arnaudet/ Jean Schormans/bpk
S. 83 Rosen, Sir Lawrence Alma-Tadema/Victoria & Albert Museum, London, England/ The Bridgeman Art Library
S. 84 oben: Bibliotheque des Arts Decoratifs, Paris, Frankreich, Archives Charmet/The Bridgeman Art Library; unten: siehe S. 83
S. 85 links: Musée des Beaux-Arts, Rouen, Frankreich/Lauros/ Giraudon/The Bridgeman Art Library; rechts: siehe S. 83
S. 86 siehe S. 70 unten rechts
S. 87 siehe S. 70 oben links
S. 88/89 akg-images
S. 90 oben links: Marianne North an ihrer Staffelei, Grahamstown, um 1880/Royal Botanic Gardens, Kew; oben rechts: Maria van Oosterwyck, Stilleben/Gemäldegalerie Dresden/The Art Archive; unten links: akg-images; unten rechts: Tony Morrison
S. 92 Michiel von Musscher, Porträtallegorie der Malerin Maria van Oosterwyck, Detail, um 1690/ North Carolina Museum of Art, Raleigh, USA
S. 93 Bonhams, London, England/ The Bridgeman Art Library
S. 94 siehe S. 90 oben rechts
S. 95 Lindley Library, Royal Horticultural Society, London, England/The Bridgeman Art Library
S. 96 Niederländischer Meister, um 1679, Kunstmuseum Basel/Hans Hinz/Artothek
S. 97 akg-images
S. 98 siehe S. 90 unten links
S. 99 Staatsarchiv Nürnberg
S. 102 siehe S. 90 oben links
S. 103 Royal Botanic Gardens, Kew
S. 104 Royal Botanical Gardens, Kew/The Bridgeman Art Library
S. 105/106/107 Royal Botanic Gardens, Kew
S. 108 siehe S. 90 unten rechts
S. 109/110 Margaret Mee
S. 111 oben: Otis Imboden/ National Geographic Society; unten: Margaret Mee
S. 112 Granger Collection/ ullstein bild
S. 113 Christie's Images/ The Bridgeman Art Library/VG Bild-Kunst, Bonn 2008
S. 114 akg-images/VG Bild-Kunst, Bonn 2008
S. 116 oben links: Edith Wharton Restorations, Inc.; oben rechts: Fotografie von Colette im Alter von 15 Jahren, 1888/Private Collection, Archives Charmet/The Bridgeman Art Library; unten links: Vita Sackville-West, 1958/John Hedgecoe/ TopFoto/Keystone; unten rechts: National Trust Photographic Library/Joe Cornish/ The Bridgeman Art Library
S. 118 Gemälde von Delmar Banner, Beatrix Potter, 1938/ National Portrait Gallery, London
S. 120 ullstein bild
S. 122 National Trust Photographic Library
S. 123 siehe S. 116 unten rechts
S. 124/126 oben: Familienbesitz von Arnim/Sammlung Jasper von Arnim
S. 126 unten: Zentral- und Landesbibliothek Berlin/Sammlung Duncker
S. 128 siehe S. 116 oben rechts
S. 130 Private Collection, Archives Charmet/The Bridgeman Art Library/VG Bild-Kunst, Bonn 2008
S. 131 Private Collection/Archives Charmet/The Bridgeman Art Library
S. 132 Granger Collection/ ullstein bild
S. 133 Edith Wharton Restorations, Inc.
S. 134 siehe S. 116 oben links
S. 135 Edith Wharton Restorations, Inc.
S. 136 siehe S. 116 unten links
S. 138/139/140 Hans Gerd Lamers
S. 142 Royal Horticultural Society
S. 143 oben: Archiv TU Berlin, aus: Theodor Echtermeyer, Die königliche Gartenlehranstalt Dahlem bei Berlin-Steglitz, Denkschrift zur Erinnerung an das zehnjährige Bestehen der Anstalt in Dahlem 1903–1933, Berlin 1913; unten: Polly Wickham
S. 152 Eremitage Bayreuth/ akg-images/Bildarchiv Monheim
S. 152 siehe S. 98

Umschlagrückseite:
siehe S. 34, 136, 54, 58

Verlag und Autorinnen haben sich nach besten Kräften bemüht, die erforderlichen Reproduktionsrechte für alle Abbildungen einzuholen, für den Fall, dass etwas übersehen wurde, sind wir für Hinweise dankbar.